Alexander Witeschnik:
Warten aufs hohe C
Geschichte der Oper in Anekdoten

Deutscher
Taschenbuch
Verlag

Von Alexander Witeschnik
ist im Deutschen Taschenbuch Verlag erschienen:
Musizieren geht übers Probieren (622)

Im Text ungekürzte Ausgabe
Januar 1977
Deutscher Taschenbuch Verlag GmbH & Co. KG,
München
© 1969 Paul Neff Verlag, Wien · ISBN 3-7014-0087-3
Umschlaggestaltung: Celestino Piatti
Gesamtherstellung: C. H. Beck'sche Buchdruckerei,
Nördlingen
Printed in Germany · ISBN 3-423-01232-3

Das Buch

»Ha, seht ein Schwan – ein Ritter drin«, singt der Chor im ersten Akt von ›Lohengrin‹. Das klingt, selbst wenn man dem sagenhaften Geschehen Glauben schenkt, zumindest etwas seltsam. Aber nicht nur die Operntexte sind oft ein wenig zwiespältig geraten. Auch sonst lebt die Oper, dieser liebenswürdige Zwitter aus Sprechtheater und Konzert, von ihren Widersprüchen. Bereits ihr Entstehen verdankt sie, wie es gleich zu Beginn dieses Buches heißt, »einem der großartigsten Irrtümer der europäischen Kulturgeschichte«. Widersprüche allenthalben, auch dann, wenn zum Beispiel der von den Häschern gejagte Held, anstatt schleunigst zu verschwinden, erst einmal eine lange Bravour-Arie in den Saal schmettert und diese nach Dakapo-Rufen des Publikums womöglich noch wiederholt. Dennoch ist die vielgeschmähte Oper für Millionen ihrer leidenschaftlichen Anhänger das vollkommenste Theater der Welt. »Vielleicht läßt sich einem Phänomen von so entwaffnender Zwiespältigkeit überhaupt nicht mit gerunzelter Stirn, sondern nur mit Humor beikommen«, schreibt Witeschnik in seinem Vorwort. Was kann dazu geeigneter sein als Anekdoten und kurze Geschichten, die wie mit dem Punktscheinwerfer typische Charaktere und Situationen der Opernszene beleuchten? Und da in dieser Sammlung Komponisten und Dirigenten, Sänger und Sängerinnen vom Barock bis heute Revue passieren, ist somit auch eine höchst vergnügliche Geschichte der Oper entstanden.

Der Autor

Alexander Witeschnik entstammt einer alten Wiener Musikerfamilie, studierte Germanistik und Musikwissenschaft und promovierte 1933 mit einer Dissertation über ein Opernthema zum Dr. phil. Nebenbei betrieb er praktische Musik- und Theaterstudien, war vorübergehend auch auf der Schauspielbühne, dann im Verlagswesen tätig und wirkte schließlich viele Jahre als Kulturredakteur und erster Musikkritiker einer großen Wiener Tageszeitung. Als Musikwissenschaftler und -schriftsteller trat Witeschnik mit grundlegenden Büchern über das Wesen und die Geschichte der Wiener Musik und mit Reiseberichten hervor. 1958 wurde er mit dem Professorentitel h.c., 1964 mit dem österreichischen Ehrenkreuz für Wissenschaft und Kunst ausgezeichnet.

Inhalt

Die Oper ist ein Subjekt von penetranter Fragwürdigkeit, ein »unmögliches Kunstwerk«, ein suspektes Femininum: sirenenhaft und verführerisch in ihren aufwendigen Allüren, luxuriös, verschwenderisch, putzsüchtig, oberflächlich, kulinarisch, unlogisch, ungeistig – die Unnatur in Person. So behaupten ihre Gegner (eingefleischte Bühnenvegetarier und Weiberfeinde).

Sie werden nicht müde, das »lächerliche Schreitheater« anzuprangern, das sich nicht sauber entscheiden kann zwischen Sprechtheater und Konzert, zwischen Wort und Ton, sondern – zwischen beiden lavierend – beide favorisiert, beide mißbraucht, indem sie jeweils abwechselnd ihre launische Gunst verteilt, um sich letztlich doch immer wieder für die »Musik der Eingeweide« zu entscheiden.

Sie zeigen mit Fingern auf das »bizarre Schauspiel«, wo Auge und Ohr sich mehr befriedigen als der Geist, wo man singen läßt, »was zu albern ist, um gesprochen zu werden«, wo man Arien schmettert »bei der Zerstörung einer Stadt und tanzt um ein Grab«, wie schon Voltaire mokant vermerkt; wo die wohlgenährten schwindsüchtigen Damen in halsbrecherischen Koloraturen ihre üppige Seele aushauchen und die geschwätzigen Chöre in Reih und Glied standhaft und ausdauernd ihre große Eile beteuern, wo man – sehr zum Verdruß des aufgeklärten Herrn Gottsched – nicht nur lacht und weint, sondern auch hustet und schnupft »nach Noten«.

Aber man liest's auch anders ...

Die Oper ist das vollkommenste Theater der Welt; die Erfüllung eines uralten Traumes der Menschheit und des kühnsten der Romantik: das einzige echte, bestandfeste Gesamtkunstwerk durch die Jahrhunderte. Im Zusammenwirken aller Künste spiegelt sich die Harmonie der Welt, leuchtet der kultische Ursprung des Theaters wieder auf. »Die Oper ist völlig irrational und dem Urquell des Theaters am nächsten«, so sagen ihre Anhänger, zu denen ein so unverdächtiger, gegenüber den verführerischen Reizen eines raffinierten Femininums durchaus gewappneter Zeuge wie Gustaf Gründgens zählt.

Das Musiktheater ist die höchste Stufe des Dramas, logisch nicht ergründbar in ihrer ästhetischen Wirkung, den Kriterien der nüchternen Ratio durchaus entrückt, ein »Reich der Unendlichkeit über der Brandstätte der Endlichkeit«, dessen Protagonisten stellvertretend sprechen »für die ganze Menschheit . . ., für die Toten, die Lebendigen und die Ungeborenen«, so schwärmen die Poeten von Jean Paul und Novalis bis William H. Auden.

Aber seht doch die angelockte Menge!, replizieren die Gegner. Was ist das für ein Publikum?! Das kommt, nicht um zu »schauen«, sondern um gesehen zu werden, begierig nicht nach Geist, sondern nach Genuß, nach dem kulinarischen Augen- und Ohrenschmaus, vor allem aber nach dem Star, der Primadonna, dem Artisten der Kehle! Ein geistig zurückgebliebener Haufen, der einen endlosen Abend lang nichts anderes tut als warten aufs hohe C. Der um solcher Sensation willen das Drama sinnlos zerklatscht und den Opernschöpfer, ja die ganze Gattung verrät und verkauft!

Laßt uns nur dieses Publikum, erwidern die Anwälte der Oper, es ist das idealste, das leidenschaftlichste, das man sich wünschen kann. Nur der Neid will es uns verdächtig machen, denn wie oft kommt das schon vor, daß um eines gesprochenen Schauspiels willen junge Leute nächtelang kampieren, um eine Karte zu ergattern? Oder lassen sich etwa um Shakespeare, Schiller oder Goethe auch nur annähernd derartige Zuhörermassen aus aller Welt periodisch versammeln wie um Mozart in Salzburg oder um Wagner in Bayreuth?

Genug der Fragen! Die Diskussion um die Oper ist latent. Seit das verwöhnte Wunderkind aus dem Süden, als ein weiblicher Homunkulus in der Retorte des Humanismus erzeugt, zu so erstaunlich vitalem Dasein erwacht ist – und das liegt noch keine vier Jahrhunderte zurück (so jung ist die Dame!) –, reißt das Für und Wider um diese »zauberhafte Ungeheuerlichkeit« nicht ab. Und es scheint, daß gerade in dieser ihrer ästhetischen Fragwürdigkeit, ihrer schillernden Rätselhaftigkeit ein Teil vom Geheimnis ihrer ungebrochenen Faszination liegt. Tausendmal geschmäht, verlästert, totgesagt und ebensooft verherrlicht, vergöttert, bejubelt, lebt die »schöne Leich' mit Koloratur und Chor« quick und munter fort – was heißt lebt? –, strotzt vor Üppigkeit, schwelgt in Saus und Braus, konsumiert täglich Tonnen von Schminke, Kilometer von Stoffen, setzt ein Heer von Malern, Tischlern, Schneidern, Tapezierern, Technikern, Musikern und Künstlern in Bewegung und mobilisiert Mengen von Energie, mit denen man ein respektables Kraftwerk betreiben oder eine mittlere Großstadt beheizen könnte.

Vielleicht läßt sich einem Phänomen von so entwaffnender

Zwiespältigkeit überhaupt nicht mit gerunzelter Stirn, sondern nur mit Humor beikommen.

Hier ist der Versuch: Geschichten und Anekdoten um die Geschichte der Oper – ein Versuch, an sich so unseriös wie die ganze Gattung und also adäquat.

Den Anstoß dazu – und damit zu diesem Buch – gab der hundertste Geburtstag des Wiener Opernhauses am Ring, jenes Hauses, das – imprägniert von erlauchter Musik und begnadeten Stimmen – seit je umworben und umkämpft wird von der Haß-liebe eines sonderbaren Volkes, das sich um seinetwillen immer wieder bis zur Weißglut erhitzen kann, weil es halt immer schon ein Faible hatte für eine »schöne Leich'«. Die Wiener Oper und ihre Künstler stehen daher – konfrontiert mit der Oper der Welt – im Zentrum unserer Geschichte. Ihnen verdanke ich nicht nur den erlebten Traum vom Gesamtkunstwerk, vom »Reich der Unendlichkeit über der Brandstätte der Endlichkeit«, sondern auch die bisher nur mündlich überlieferten Originalbeiträge dieser Sammlung. Sie sind daher die eigentlichen Autoren dieses Buches – nebst jenen, deren anderweitig schon strapazierte Werke auch von mir benutzt wurden: von den Erinnerungen Lotte Lehmanns, Angelo Neumanns, Helge Rosvaenges und Leo Slezaks über die launigen Bücher von Ludwig Kusche (›Stimmt denn das auch?‹ und ›Richard Strauss im Kulturkarussell von 1864–1964‹) bis zu den Anekdotensammlungen von Bruno Aulich, Bernhard Grun und R. H. Stemmle.

Anstifter des Unterfangens aber war der Verlag Paul Neff und sein immer tatendurstiger Leiter Karl Andreas Edlinger, der sich – cupidus rerum novarum – ein Gegenstück wünschte zu meinem, von den Lesern so überaus freundlich aufgenommenen philharmonischen Anekdotenbuch. Ich habe ihn gewarnt. Pendants haben ihre Tücken. Man versteht mich schon: siehe ›Faust zwo‹. Man hat auch bei Goethe schon mehr gelacht ... Aber er ließ sich nicht beirren, der Gute. Wie schrieb Brahms an seinen Verleger Simrock nach Leipzig? »Wie schade, daß es keine österreichischen Verleger gibt, das müßten reizende Leute sein!«

A.W.

Kapitel I
Götter, Kaiser und Kastraten
Gluck, Händel und die Barockoper

> »Alle großen Sänger der Epoche waren Ka-
> straten. Nicht nur auf der Bühne, auch ge-
> sellschaftlich fand man nicht das mindeste
> dabei. Ja die Damen bevorzugten die Ka-
> straten, bei denen sie sich vor den Angriffen
> des galanten Zeitalters angenehm gesichert
> sahen.«
>
> *Joseph Gregor*

Die Oper verdankt ihre Existenz einem der großartigsten Irrtümer der europäischen Kulturgeschichte. Als die gelehrten Musici
Giulio Caccini und Jacopo Peri gemeinsam mit dem Poeten
Rinuccini, einem Schüler Tassos, im Hause des Florentiner Grafen Bardi das erste ›Dramma per musica‹ – eine ›Dafne‹ – gleichsam in der Retorte des Humanismus herstellten, waren sie überzeugt, den Aufführungsstil des antiken Dramas wiederentdeckt
zu haben. Was sie entdeckten, war – die Oper.

Die höfische Barockoper erlebte am Kaiserhof zu Wien ihre
üppigste Blüte. Während der Regierungszeit Leopolds I., des
Türkenbezwingers, von den Wienern zärtlich »Türkenpoldl«
genannt, gingen über 400 Opern in Szene, darunter mehrere aus
der Feder des Kaisers. Der Prunk, mit dem diese Musikfeste
gefeiert wurden, gipfelte in der Aufführung des Bühnenfestspiels
›Der goldene Apfel‹ von Marc Antonio Cesti, die im Rahmen der
Feierlichkeiten zur Vermählung des Kaisers mit Margarete von
Spanien in den Wintermonaten 1666/67 stattfand. Der Bühnen-
architekt hatte Unerhörtes geleistet. Himmel und Hölle wurden auf die Bühne gebracht. Auf einer Wolke thronte der halbe
Olymp, die Meeresrosse des Neptun stampften durch die schäu-
mende Flut, ein Erdbeben machte die Kirche bersten. Feuerspei-
ende Drachen flogen vom Himmel. Es gab 23 Verwandlungen
und 67 Szenen. 1000 Mitwirkende zählte die Aufführung, 5000
sahen zu, 100000 Gulden kostete sie den Kaiser, der mit berech-
tigtem Stolz feststellte: »Ist gewiß ein Stück gewest, desgleichen
wenig gesehen worden sind.« Der spanische Staatsrat aber konstatierte naserümpfend, daß der Kaiser für sein Opernvergnügen

ein Vermögen verpulvere, zur Unterstützung Spaniens aber keinen Kreuzer übrig habe ...

Kaiser Leopold ließ sich in seiner Opernleidenschaft weder durch die Pestilenz noch durch die Türkenkriege beirren. Selbst im furchtbaren Pestjahr 1679 wurde unentwegt fortgespielt. In Innsbruck stahl sich der Monarch von den langweiligen Hoftrauerfeierlichkeiten für Philipp IV. davon, um das »allda sich befindliche Theatrum« zu besichtigen. »Weilen aber die Musici eine opera fertig gehabt, so habe ich selbigen abend selbiger beigewohnt, doch quasi all incognito und hätten keine Leut sollen dabei sein – es haben sich aber viele dazugestohlen ...«

Die junge spanische Monarchin teilte durchaus die Opernbesessenheit ihres kaiserlichen Gemahls. Auch bei seiner zweiten Frau, der heiteren Tirolerin Claudia Felicitas, die selbst mehrere Instrumente spielte, fand der Kaiser eine gleichgestimmte Seele, und selbst die bigotte Eleonore von Pfalz-Neuburg, seine dritte Gemahlin, die so vertieft in ihr Nähzeug war, »daß sie auch nicht einmahl ein Auge auf das Theatrum geworffen«, ließ sich – so erzählt man – ihre Psalter als Opernlibretti binden, um solcherart dem Kaiser gefällig zu sein.

Der opernsüchtige barocke Kaiserhof zu Wien wurde zum Paradies für die ungezählten italienischen Maestri und Musici, die hier zu Rang und Ansehen kamen und allein das Feld beherrschten. An uferloser Fruchtbarkeit übertraf alle Antonio Draghi, der Dichterkomponist aus Rimini mit der leichten Hand, dessen fabelhafte Schnelligkeit im Komponieren schon die Zeitgenossen verblüffte. Kopfschüttelnd stellte sein Kollege Aurelio Amalteo fest, daß Draghi für eine ganze Oper weniger Zeit brauche als er für den bloßen Entwurf eines Librettos. Draghi, der mit einer Hand Texte, mit der andern Partituren schrieb – sein ›Apollo‹-Textbuch hat Kaiser Leopold höchstselbst vertont –, fand später in Nicolo Minato einen Librettisten von der gleichen uferlosen Fruchtbarkeit. In drei Jahrzehnten schufen sie miteinander über 200 Opern, das sind rund sieben Opern pro anno, die sämtliche der große Lodovico Burnacini in Szene setzte. Dieser idealen Zusammenarbeit zwischen einem Komponisten, einem Librettisten und einem Bühnenbildner entsprach an der Wiener Oper 250 Jahre später das Dreigestirn Richard Strauss, Hofmannsthal und Roller.

Karl VI. war nicht nur ein beachtlicher Opernkomponist, sondern auch ein Könner auf der Geige und am Klavier, das er – nach dem Zeugnis des Hofpoeten und Librettisten Apostolo Zeno – »mit der größten Meisterschaft wie ein Professor spielt«. Seine Opern – und auch die anderer – dirigierte er gerne selbst. Als er die Oper ›Elisa‹ seines Hofkompositeurs Johann Joseph Fux aus der Taufe hob, war der Komponist von der Wiedergabe des Kaisers derart begeistert, daß er sich vergaß und ausrief: »Wie schade, daß Eure Majestät kein Virtuose geworden sind!« Worauf der Kaiser erwiderte: »Hat nichts zu sagen. Hab's auch so ganz gut.«

Allen Glanz einer höfischen Welt vereinigte auf sich der ruhmbedeckte Dichterfürst der Wiener Barockoper Pietro Metastasio, der 52 Jahre lang bei Hof seine poetischen Dienste versah. Er selbst hielt sich für einen Tragödiendichter und für den Wiederentdecker des antiken Dramas. An allen seinen Helden haftete gleichsam der Nimbus der Kastraten. So wurde er zum Librettistenpapst wider Willen, um dessen Textbücher sich die Hofmusici aus aller Welt rissen und der sich selbst die Grabschrift dichtete: »Um das Menschengeschlecht durch Amüsement zu belehren, hat er sein ganzes Leben verloren.«

Die Zeitgenossen verglichen ihn mit Homer und Sophokles, Maria Theresia, die er noch auf Knien gewiegt hatte, betrachtete ihn als ein Glück ihrer Regierungszeit, selbst Voltaire und Goethe hielten auf ihn noch große Stücke, während Herder ihn schon »einen zierlichen Porzellanturm mit klingenden Silberglöckchen« nannte. Sein Name wäre längst völlig verblaßt, hätten nicht zwei Unsterbliche gleichfalls nach seinen Texten gegriffen: Wolfgang Amadeus Mozart und Christoph Willibald Gluck, den Metastasio durchaus für einen – wenn auch begabten – Narren hielt.

Im Burgtheater zu Wien knisterte es im November 1770 von Seidenroben und Spannung. Kopf an Kopf sitzt der hohe und höchste Adel im Parkett und in den Logen und lauscht der neuesten Oper des Hofkompositeurs Christoph Willibald Gluck. Auch Kaiserin Maria Theresia ist zur Premiere von ›Paris und Helena‹ erschienen, wie immer, seit dem Tode ihres Gemahls Franz von Lothringen, in tiefer Trauer, und an ihrer Seite der Sohn und Mitregent Josef II., der selbst ein probater Musiker ist.

Eben hat die blutjunge Titelheldin ihre Arie zu Ende gesungen, und das Ballett beginnt seine ersten Pirouetten zu drehen, da züngelt plötzlich eine Flamme über die Bühne. Ein Schrei gellt durch den Zuschauerraum: die Kulisse fängt Feuer! Die Tänzer fliehen hastig, rasch fällt der Vorhang. Meister Gluck, der selbst das Orchester leitet, eilt auf die Bühne. Gottlob, der Brand ist rasch gelöscht. Man beruhigt die hohen Gäste. Die Vorstellung soll weitergehen, und zwar gleich mit dem Beginn des zweiten Aktes. So will es der Intendant. Aber Gluck besteht auf der Wiederholung des Balletts. Streit und Zank hinter der Bühne. Die Tänzerinnen zittern noch an allen Gliedern, die Tänzer sind bereits entkleidet. Da besteigt Gluck im Orchester einen Stuhl und ruft mit donnernder Stimme in Gegenwart des Hofes über das Theater: »Entweder das Ballett wird noch einmal getanzt, oder die Oper ist für heute aus!!«

Verblüffung, Schweigen, Stille. Der Vorhang hebt sich. Das Ballett beginnt von vorne. Gluck hat gesiegt. Der Triumph des Abends macht ihn zum ungekrönten König des musikalischen Wien.

Gluck war einer der ersten großen Dirigenten der europäischen Musikgeschichte. Seine blitzäugige Unerbittlichkeit in Dingen der Kunst machte ihn zum geborenen Erzieher der Orchestermeute. Ein Kontrabassist der Wiener Oper berichtet, wie Gluck, ein so »gutmütiger, lieber Mann« er sonst sei, »den wahren Tyrannen mache«, sobald er am Dirigentenpult stehe. »Zwanzig, dreysigmal reicht nicht, daß er die geübtesten Spieler der Capelle, unter denen gewiß Virtuosen sind, die Passagen wiederholen läßt, bis sie die von ihm intendierte Wirkung des Ensembles herausbringen. Kein Fortissimo kann ihm an gewissen Stellen stark, und kein Pianissimo schwach genug sein. Es ist ganz originell, wie jede Stelle des Affekts, des wilden, sanften, traurigen, sich in seinen Mienen und Gebärden malt. Er lebt und stirbt mit seinen Helden, wütet mit dem Achill, weint mit der Iphigenie, und in der Sterbeszene der ›Alceste‹ sinkt er ordentlich zurück und wird mit ihr beinahe zur Leiche.«

Als ein Kontrabassist – so wird berichtet – bei einer Aufführung statt zu spielen auf die Bühne starrte, kroch Gluck unter dem Pult zu ihm und zwickte ihn derart fest in die Wade, daß der Mann mit einem Schrei das Instrument hinwarf.

Kaiser Josef II. mußte höchstpersönlich die aufgebrachten Musiker beschwichtigen: »Ihr wißt ja, er ist nun einmal so! Er meint's nicht so arg« und – ließ ihnen die doppelte Gage ausbezahlen.

Glucks tragisches Don-Juan-Ballett ›Der steinerne Gast‹, das in der Choreographie des kongenialen Caspar Angiolini 1761 im Burgtheater erstmals über die Bretter ging, leitete eine neue tanzdramatische Epoche ein. Während der zweiten Wiederholung des Werkes im Kärntnertortheater brannte das Haus völlig nieder und begrub nebst den Dekorationen auch den Kassier und die Kassierin unter seinen Trümmern. Der Hof erwarb die Brandstätte und ließ darauf zwei Jahre später von dem kaiserlichen Architekten Pacassi ein neues, schöneres und größeres Kärntnertortheater – die künftige Hofoper – erbauen, die dort über einundeinviertel Jahrhunderte, bis zur Eröffnung des Hauses am Ring, bestand und zum Schauplatz denkwürdiger Opernereignisse wurde.

Eine der interessantesten und zwielichtigsten Figuren der Barockoper am maria-theresianischen Hof war der Livornese Raniero Calzabigi, ein geriebener Geschäftemacher und genialer Abenteurer großen Stils. Wegen Giftmordes verklagt, floh er aus Italien nach Paris, wo er gemeinsam mit seinem Freund Casanova unter dem Protektorat der Pompadour eine Staatslotterie aufzog, die zugrunde ging. Der Skandal trieb ihn nach Wien, wo er im Handumdrehen Geheimrat der niederländischen Rechnungskammer wurde und dem Fürsten Kaunitz ein Tabakmonopol vorschlug. Als er, verstrickt in die Affäre eines Theater-Hasardeurs, 1770 Wien verlassen mußte, hatte er als Textdichter von Glucks Reformopern ›Orpheus‹, ›Alceste‹ und ›Paris und Helena‹ bereits für immer seinen Namen in die Geschichte des europäischen Musiktheaters eingetragen.

Mit ›Orpheus und Eurydike‹ und der ›Alceste‹, die beide im Wiener Burgtheater uraufgeführt wurden, verdrängte Gluck die überalterte welsche Prunkoper und machte die Musikbühne wieder zum Schauplatz menschlicher Leidenschaften und seelischer Konflikte. Der Arienschreiber wurde wieder zum Tondichter. Das Musikdrama war geboren. Darauf bezieht sich die Inschrift auf Glucks Pariser Denkmalsockel, welche lautet: »Er diente nicht den Sirenen, sondern den Musen.«

Das Opernschreiben war seit Gluck kein flottes Zusammenfügen schematischer Arienbündel mehr, sondern eine Angelegenheit

»auf Leben und Tod«. Das hat der Meister selbst bezeugt in einem erst nach seinem Tode veröffentlichten Bekenntnis: »Bin ich einmal mit der Komposition des Ganzen im reinen, so betrachte ich die Oper als fertig, obwohl ich noch keine Note niedergeschrieben habe. Diese Vorbereitung kostet mich aber auch gewöhnlich ein ganzes Jahr und zieht mir nicht selten eine schwere Krankheit zu.«

Der Erfolg des ›Orpheus‹ schlug von Wien aus wie eine Woge über ganz Europa. In Bologna lockte das Werk in einer einzigen Spielzeit 20 000 Fremde in die Stadt und trug dem Theater an die 80 000 Dukaten ein.

Glucks künstlerisches Selbstbewußtsein war faszinierend. Als seine Oper ›Alceste‹ in Paris durchgefallen war, lief ihm ein Gegner über den Weg, der ihm in deutscher Sprache triumphierend zurief: »›Alceste‹ ist gefallen!« Darauf Gluck gefaßt: »Gewiß, aber vom Himmel.«

Bei den Proben zur ›Iphigenie in Aulis‹, die Gluck im April 1774 in der Pariser Académie royale persönlich aus der Taufe hob und mit der er die französische Opernbühne im Sturm eroberte, hatte der Komponist, der gleichzeitig dirigierte und Regie führte, mit dem Darsteller des Agamemnon, Larrivée, seine liebe Not. Immer wieder mußte er unterbrechen, um dem Sänger Anweisungen zu geben und ihm seine Auffassung von der Rolle beizubringen.

Schließlich wurde Larrivée ungeduldig und rief: »Warten Sie doch, Monsieur, bis ich im Kostüm bin; dann werden Sie mich nicht wieder erkennen!«

Als dann bei der ersten Kostümprobe Agamemnon in griechischer Rüstung die Szene betrat und zu singen anhub, hörte Gluck eine Weile zu, dann klopfte er ab und rief auf die Bühne: »Mon ami, Sie werden sich wundern, ich erkenne Sie leider vollkommen wieder!«

Jean Baptiste Lully, der es vom Tellerwäscher und Küchenjungen bis zum Hofkomponisten des Sonnenkönigs und zum Schöpfer der französischen Nationaloper brachte, war einer der begabtesten und vielseitigsten Männer, aber auch eine der intrigantesten, wendigsten und geriebensten Figuren: ein trefflicher Geiger, hervorragender Dirigent und erfindungsreicher Komponist, bewunderter Ballettänzer und Schauspieler in Molière-Komödien, zu denen er gleich auch die Musik lieferte, dazu ein blendender Geschäftemacher, Grundstückspekulant, Häusermakler und Bauunternehmer großen Stils! Daneben schrieb er an die 20 Opern und Ballette, leitete die Hofoper des vierzehnten Ludwig und hatte noch Zeit, den Modetanz der Zeit, das Menuett, zu kreieren und die Ouvertüre zu erfinden. Seine Heirat brachte ihm ein Vermögen ein, der König setzte ihm eine kosmische Jahresgage aus und ließ sich von ihm ein regelrechtes Musikmonopol für Frankreich ablisten.

Die Gunst des Monarchen gewann er als Meister effektvoller Schmeichelei. Als er einmal mit dem Roi soleil an einer Saaltüre zusammenstieß und dieser ihn – ganz gegen das Zeremoniell – zum Vortritt nötigte, riß Lully dem nächsten Lakaien das Windlicht aus der Hand und rief: »Nur als Fackelträger Euer Majestät!«

Dann durchschritt er großartig die Türe.

Lully wurde ein Opfer seines Berufs. Als Dirigent seiner berühmten Kapelle, der »Seize Petit-Violons«, handhabte er – wie's Brauch der Zeit – einen großen Stock, mit dem er auf den Boden stampfend den Takt schlug. Als einer seiner »Petit-Violons« patzte, geriet er derartig in Wut, daß er sich mit dem Stock durch den Fuß stieß. An der folgenden Blutvergiftung starb der Meister, nach längerem Siechtum, mit dreiundfünfzig Jahren. An seinem Sterbebett erschien der Beichtvater und forderte von ihm als Buße für seine vielen Sünden, daß er sein letztes Opernwerk verbrennen lasse. Seufzend willigte Lully ein.

Als einige Tage später seine Freunde zu ihm kamen, überfielen sie ihn mit der vorwurfsvollen Frage: »Haben wir recht gehört? Du bist diesem Salbader auf den Leim gegangen und hast wirklich deine Oper verbrannt?«

»Allerdings«, antwortete Lully und schmunzelte, »aber ich habe vorher eine Abschrift auf der königlichen Bibliothek deponiert!«

So erschwindelte sich Lully noch im Sterben die ewige Seligkeit . . .

Georg Friedrich Händel war nicht nur ein großer Opernschöpfer, sondern auch souverän ungeniert in der Aneignung fremden Musikgutes. Ein pedanter Musikologe stellte einmal eine Liste von rund dreißig Komponisten zusammen, bei denen der Londoner Operngott bedenkenlos seine Anleihen »tätigte«. Unter ihnen befinden sich nebst so bedeutenden Meistern wie Josquin des Près und Alessandro Stradella freilich auch längst vergessene Kleinmeister, deren musikalisches Gedankengut im Werk Händels fortlebt wie die Fliege im Bernstein. Als man dem Meister einmal seine geistigen Diebstähle vorhielt, erwiderte er denn auch völlig ungerührt: »Aber diese Schweine wissen doch mit einer guten Melodie rein gar nichts anzufangen.«

In Venedig focht der junge Händel mit dem Italiener Domenico Scarlatti ein Wettspiel auf dem Cembalo und der Orgel aus, wobei schließlich der Sachse nach hartem Ringen den Sieg davontrug.

Um weniges später begann der rauschende Venezianische Fasching. Bei einem turbulenten Maskenfest setzte sich Händel mit der Larve vor dem Gesicht ans Cembalo und begann zu spielen. Die Paare horchten auf und kamen näher. Bald hatte der virtuose Spieler die ganze Ballgesellschaft an sein Instrument gelockt. Man rätselte vergebens, wer sich da hinter der Larve verbarg. Da bahnte sich Domenico Scarlatti den Weg durch die lauschende Menge und rief laut: »Entweder, das ist der berühmte Sassone oder – der Teufel selbst!«

An der Gänsemarktoper in Hamburg wurde im Dezember 1705 die ›Cleopatra‹ von Johann Mattheson aufgeführt. Am Cembalo saß der junge Georg Friedrich Händel. Der Komponist stand auf der Bühne und sang selbst die männliche Hauptrolle, den Antonius. Da der Held eine halbe Stunde vor Ende der Oper Selbstmord begeht, pflegte Mattheson nach seinem Bühnentod wieder ins Orchester zu steigen, um dort den Rest der Oper selbst zu »accompagnieren«, weil das doch »unstreitig ein jeder Verfasser besser als ein anderer« träfe. Aber Händel war anderer Meinung und weigerte sich, seinen Platz am Cembalo zu räumen. Darüber ergrimmte der Komponist derart, daß er den Widerspenstigen beim Bühnenausgang stellte und wütend beschimpfte. Dieser blieb die Antwort nicht schuldig. Auf dem Marktplatz wurden die beiden handgemein. Mattheson ohrfeigte Händel. Dieser zog den Degen, Mattheson tat desgleichen, parierte einen Stoß des Gegners, traf Händel mit einem scharfen Ausfall mitten auf die Brust und – hielt den Degenknauf in der Hand. Die Klinge war an einem breiten metallenen Rockknopf des Getroffenen zersprungen. So blieb Händel am Leben. Noch im selben Jahr ging seine erste Oper ›Almira‹ am Gänsemarkt über die Bretter. Die männliche Hauptrolle sang – Johann Mattheson.

Monumental wie seine ganze Erscheinung war auch Händels Trink- und Eßlust. Wenn der »Mannberg«, so nannten ihn die Engländer spottend, gute Arbeit geleistet hatte, konnte er eine ganze Speiskarte durchessen. Als er 1733 seinen ›Orlando furioso‹ zu Ende geschrieben hatte, überkam ihn wieder einmal sein unbändiger Appetit. Er eilte in ein Restaurant und bestellte über ein Dutzend Speisen und Getränke, von der Suppe bis zum Käse, vom Geflügel bis zum Pudding, vom Rheinwein bis zum Likör. Der Kellner notierte die Bestellung respektvoll, gab den Auftrag an die Küche weiter und baute vor dem Gast umständlich eine riesige Festtafel auf. Dann pflanzte er sich vor Händel auf und wartete. Da riß dem Hungrigen die Geduld und er rief: »Worauf warten Sie noch?«

»Auf die Gesellschaft, Sir«, erwiderte der Kellner.

»Du Schafskopf!« donnerte der Komponist, »es gibt keine Gesellschaft. Die Gesellschaft bin ich!!«

Auf einer Reise nach Irland verweilte Händel in Chester. Dort wollte er eine Chorstelle ausprobieren, die er sich eben notiert hatte. Er erkundigte sich daher nach einem geschulten Chorsänger, der die Stelle vom Blatt singen könnte. Man empfahl ihm einen Buchdrucker namens Janson, der eine schöne Baßstimme hatte. Janson kam, ergriff das Blatt und – sang völlig daneben. Händel fluchte in fünf Sprachen, dann fuhr er den Buchdrucker in gebrochenem Englisch an: »Du Schuft, sagtest du nicht, du könntest vom Blatt singen?«

»Gewiß, Herr Kapellmeister«, erwiderte der Mann mit größter Ruhe, »das kann ich auch, aber nicht gleich das erste Mal.«

In der Zeit seiner schwersten Londoner Opernkrise kam Händel zur Abendvorstellung ins Theater. Dort erwarteten ihn bereits seine Freunde und bereiteten ihn schonend darauf vor, daß das Haus fast leer sei. Aber Händel ließ sich nicht beirren. »Das macht nichts«, tröstete er die Freunde, »desto besser wird die Musik klingen!«

Eine der vergötterten Primadonnen der Barockoper, die Cuzzoni, mit dem Beinamen »die goldene Leier«, war ein weiblicher Gnom mit einer Engelsstimme; klein, häßlich, rundlich und ein Ausbund an Habgier und Bosheit, Eigensinn und Eitelkeit. Für ein Engagement am Wiener Hof forderte sie die Kleinigkeit von 24000 Gulden, die doppelte Jahresgage ihrer Rivalin Faustina

Hasse-Bordoni, was dem Kaiser doch zu viel war. Ihr himmlischer Gesang zwang die Zuhörer zur Anbetung. Ihre Launen brachten die Intendanten zur Verzweiflung. Nur Händel, der sie in London engagierte, war ihr gewachsen. Als sich die Primadonna weigerte, in seiner Oper ›Ottone‹ die Arie ›Falsches Bildnis du‹ zu singen, weil sie ihr zu wenig effektvoll dünkte, da baute er sich in seiner ganzen Leibesgröße und -fülle vor ihr auf und donnerte unheilverkündend: »Ich weiß, Madame, daß Sie die ärgste Teufelin sind, aber Sie sollen wissen, daß ich Beelzebub bin, der Chef der Hölle!!« Damit ergriff er sie mit seinen herkulischen Armen und hielt die renitente Dame so lange zum Fenster hinaus, bis sie zahm war. Die Arie wurde natürlich gesungen . . .

Die Arie ›Verdi prati‹ in seiner Oper ›Alcina‹ hatte Händel für den Kastraten Carestini geschrieben. Der eitle Star aber sandte sie ihm zurück mit dem Bemerken, sie passe ihm nicht. Wütend stürmte Händel zu Carestini, warf ihm die Noten an den Kopf und schrie: »Du Rindvieh, muß ich nicht besser wissen als du, was du singen kannst?! Wenn du die Arie nicht singst, die ich dir gebe, so bezahle ich dir keinen roten Heller und du bekommst im Leben keine Arie mehr!!«

Natürlich wurde auch diese Arie gesungen. Carestini erzielte damit allabendlich die stürmischsten Dakapo-Rufe.

Der italienische Kastrat Senesino, den Händel aus Dresden an seine Oper nach London holte, hatte nicht nur eine Mezzosopranstimme von stupender Koloratur-Virtuosität und traumhaftem Schmelz, sondern auch eine hünenhafte Gestalt. Dabei war er ebenso feig wie eitel. Als er in Händels ›Julius Cäsar‹ die Titelrolle sang und plötzlich ein Versatzstück krachend auf die Bühne fiel, erschrak der Fleischberg derart, daß er zu Boden fiel und schlotternd zu heulen begann. Dabei hatte er gerade die stolze Arie begonnen: ›Cäsar kennt keine Furcht . . .‹

Der Lacherfolg war durchschlagend.

Von der Selbstherrlichkeit der Kastraten und Primadonnen in jenen Tagen geben zwei Vorfälle Zeugnis, die sich in Händels Londoner Opernhaus abspielten. Einmal traten die beiden Weltstars des Barock, die Cuzzoni und die Bordoni, in der hochpathetischen Griechenoper ›Astyanax‹ von Bononcini gemeinsam auf. Dabei gerieten die beiden Rivalinnen – zum Gaudium des Publikums – auf offener Szene einander in die Haare. Und ein andermal unterbrach der vergötterte Kastrat Farinelli einfach die Aufführung einer Oper und stieg auf die Bühne, um seinen nicht minder vergötterten Kollegen Caffarelli mitten im Akt zu umarmen und abzuküssen, weil ihm dessen Arie so gut gefallen hatte ...

Der Ruhm der italienischen Primadonna Gabrielli war bis nach Rußland gedrungen, so daß Katharina die Große die Sängerin nach Petersburg berufen wollte, um sie für zwei Monate an die Oper zu verpflichten.

»Was kostet das?« fragte die Kaiserin.

»5000 Dukaten in Gold«, erwiderte die Gabrielli.

»Soviel bezahle ich keinem meiner Feldmarschälle«, empörte sich die Monarchin.

»Dann können Ihre Majestät ja die Feldmarschälle singen lassen!« war die Antwort der Gabrielli.

Im Mannheimer Theaterkalender von 1795 findet sich das folgende gereimte Frage- und Antwortspiel zwischen einem Doktor und einem Domherrn »bei der Vorstellung einer Oper, worin ein Kastrat sang«:

»Was gäben Sie darum, wenn Sie so herrlich sängen?«
Sprach zum geweihten Herrn der Doktor Schwab.
»Bei meiner Seele, Herr! – ich lasse mich drauf hängen –
Die Hälfte nicht von dem, was er drum gab!«

Als Jean Philippe Rameau, der große Opernmeister des französischen Rokoko und Compositeur de cabinet Ludwigs XV., im Sterben lag, sandte man einen hohen geistlichen Würdenträger an sein Krankenbett, der dem Bewußtlosen die Letzte Ölung spendete und dann ein Sterbegebet intonierte. Da öffnete der Meister noch einmal die Augen und flüsterte mit sanftem Vorwurf: »Aber mein lieber Abbé, warum singen Sie denn so entsetzlich falsch ...?«, drehte sich zur Wand und hauchte seine große Seele aus.

>»Komponiert ist schon alles, aber geschrie-
ben noch nichts.«
Mozart an seinen Vater über ›Idomeneo‹

>»Wer eine davon gehört hat, kennt sie alle.«
Rossini über seine Opern

Drei Wochen nach Glucks Tod wurde Mozart als sein Nachfolger zum Hofkompositor bestellt. Hatte Gluck noch 2 000 Gulden
Jahreshonorar erhalten, so bewilligte Kaiser Josef II. dem Nachfolger nur noch 800 Gulden, weshalb Mozart den Monarchen
»einen Knicker« nannte. Immerhin konnte er nach Salzburg
berichten: »Es ist keiner in der Kammer, der so viel hat.« Die
Verpflichtungen, die er damit übernahm, waren gering für seinen
brennenden Schaffenseifer. Sarkastisch schrieb er an den Rand
seines Steuerbekenntnisses: »Zuviel für das, was ich leiste, zuwe-
nig für das, was ich leisten könnte!«

Die ›Entführung aus dem Serail‹ ist Mozarts Hochzeitslied. Der
Name seiner jungen Gattin Constanze ist in der weiblichen
Hauptgestalt verewigt. Das Textbuch hat Gottlieb Stephanie der
Jüngere nach einem Stück von Emil Bretzner verfaßt. Als Bretz-
ner davon erfuhr, ließ er folgende Anzeige in die ›Leipziger
Zeitung‹ einrücken: »Ein gewisser Mensch namens Mozart hat
sich erdreistet, mein Drama ›Belmont und Constanze‹ zu einem
Operntext zu mißbrauchen. Ich protestiere hiemit feierlichst.« –
So ist auch Bretzner in die Unsterblichkeit eingegangen.

Am 16. Juli 1782 ging Mozarts ›Entführung aus dem Serail‹
erstmalig über die Bretter des Burgtheaters in Wien. Nach der
erfolgreichen Uraufführung schrieb Graf Karl Zinzendorf, der
dabei war, in sein Tagebuch: »Die Musik ist zusammengestoh-
len«. Dabei vergaß er den Namen Mozart zu erwähnen. Andere
Besucher hörten aus der prächtigen Osmin-Arie, mit der der
Mozartische Mensch geboren wurde, »kühne Regellosigkeit,
Vierundzwanzigpfünder, um Pedrillo zu zerschmettern, Keu-
lenschläge auf sein Haupt, Wollust und Grausamkeit, unsägliche
Brutalität«.

Kaiser Josef II. aber meinte zu dem Komponisten: »Zu schön für unsere Ohren und gewaltig viel Noten, lieber Mozart!« Worauf dieser schlagfertig parierte: »Gerade soviel, Eure Majestät, als nötig ist.«

Der erbittertste Gegner Mozarts, der die Größe des Rivalen zweifellos ahnte, war der Venezianer Antonio Salieri. Salieri war 10jährig nach Wien gekommen und zu dem alten Gluck in die Lehre gegangen, der den Schüler mit einem richtigen Theatercoup in Paris lancierte. Er gab Salieri kurzerhand Calzabigis Textbuch ›Die Danaiden‹ – zum großen Verdruß des Librettisten – und ließ überdies zu, daß die Oper in Paris unter seinem Namen auf die Bretter kam. Bis zur zwölften Aufführung jubelten die Pariser einer vermeintlichen Gluck-Oper zu. Dann wurde das Geheimnis in sensationeller Form gelüftet. Salieri war der Held von Paris. In Wien aber wurde er zum erklärten Günstling Josefs II., der den Italiener zum Hofkompositor und später zum allgewaltigen Hofkapellmeister ernannte. Für das Nationalsingspiel des Kaisers schrieb Salieri mehrere deutsche Singspiele, darunter den ›Rauchfangkehrer‹, von dem die Wiener feststellten: »Der is so schwarz wie dem Salieri sei' Seel'!«

Kaiser Josef II. war selbst musikalisch gebildet, er spielte Klavier und Cello und sang keinen üblen Baß, begleitete gewandt aus der Partitur und war ein guter Blattleser. Gelegentlich versuchte er sich auch im Komponieren. Bei einer Aufführung in Schönbrunn ließ er einmal in die dargebotene italienische Oper eine Arie aus seiner Feder einfügen. Insgeheim, aber die Sache sprach sich bald herum. Als der Kaiser nach der Aufführung Mozart befragte, wie ihm die Arie gefallen habe, meinte dieser schlagfertig: »Majestät, die Arie ist gut. Aber der sie geschrieben hat, ist doch viel besser!«

Die Uraufführung von Mozarts ›Figaro‹ suchten die italienischen Gegner mit allen Mitteln zu verhindern. Salieri und seine Komplizen arbeiteten »wie ein Maulwurf im Finstern«, berichtet ein Zeitgenosse. Über das Betreiben des italienischen Garderobeninspektors ließ der Intendant Graf Rosenberg das Ballett streichen und riß die entsprechenden Blätter eigenhändig aus Dapontes Text. Erst ein Befehl des Kaisers stellte die Partitur wieder her und brachte das Werk auf die Bühne. Die Premiere im vollbesetzten Burgtheater am 1. Mai 1786 wurde ein durchschlagender

Erfolg. Fast jede Nummer mußte wiederholt werden, so daß die Vorstellung beinahe doppelt so lang wurde.

Der famose Graf Zinzendorf aber, der »diesen Moshardt« überhaupt ablehnte, stellte lakonisch fest: »Seine Musik hat lauter Hände und keinen Kopf.« Schließlich ließ sich auch der kaiserliche Gönner beeinflussen und – verbot nach der achten Vorstellung das »Dakapo-Rufen«, um die Sänger, die durch Mozarts volles Orchester »betäubt« würden, nicht zu überanstrengen.

Nach der Wiener Premiere des ›Don Giovanni‹, der nicht mehr im Burgtheater, sondern im Prager Nationaltheater seine Uraufführung erlebte, wies er den Grafen Rosenberg an: »Sehen Sie zu, wie Sie sich am wenigsten schlecht einrichten können für das kommende Jahr. Die Musik des Mozart ist viel zu schwierig für den Gesang!« Und zu Daponte soll sich der Kaiser geäußert haben: »Die Oper ist vielleicht noch schöner als der ›Figaro‹, aber sie ist keine Speise für die Zähne meiner Wiener!«

Als Mozart davon erfuhr, soll er gesagt haben: »Laßt ihnen nur Zeit zu kauen!« Er selbst aber ist darüber gestorben ...

Nach einer Opernaufführung beim Fürsten Esterházy setzte sich Joseph Haydn mit den Sängern und Musikern zu einem solennen Backhendl-Essen zusammen. Als er das erste knusprige Stück genießerisch zum Mund führte, erklärte er vergnügt seiner Gesellschaft: »Seht, liebe Kinder, sonst geht Händel über den Haydn, jetzt aber kommt Haydn über Hendel!«

Domenico Cimarosa erhielt von Kaiser Leopold II. den Auftrag, eine Oper zu schreiben. Und in Durchführung dieses Auftrages entstand ein Meisterwerk, das die Zeiten überdauerte: ›Matrimonio segreto‹ (›Die heimliche Ehe‹). Schon die Premiere wurde ein großer Erfolg, aber der erlauchte Auftraggeber selbst war durch Regierungsgeschäfte verhindert, daran teilzunehmen. Bei der zweiten Aufführung saß der Kaiser in der Loge. Die Etikette verwehrte es den Zuhörern zu applaudieren, ehe der Monarch dazu den Auftakt gab. Der aber rührte keine Hand. Nervös führte Cimarosa die Aufführung zu Ende. Aber als der letzte Akkord verklungen war, sprang Leopold auf, klatschte laut in die Hände und rief: »Bravo, Maestro! Ich wollte nicht applaudieren, weil ich keine Note versäumen wollte!«

Und dann setzte er fort: »Fast alle Anwesenden haben Ihre Oper bereits zum zweitenmal gehört. Ich will nicht weniger haben als sie. Wenn Ihre Musiker ausgeruht sind, dann geben Sie das Stück noch einmal. Ich kann nicht zu Bett gehen, ehe ich das Meisterwerk noch einmal genossen habe!«

So kam es, daß die ›Heimliche Ehe‹ bei der zweiten Vorstellung ihre denkwürdige »Doppelpremiere« erlebte.

Am 5. und 6. Juli 1809 ging für Österreich die Schlacht bei Wagram verloren. Napoleon residierte zum zweitenmal in Schönbrunn und ließ sich dort von Ende Juli bis Mitte Oktober siebzehn Opern vorführen, darunter Mozarts ›Don Juan‹ und Cimarosas ›Heimliche Ehe‹. Der Empereur »sah mit seiner Lorgnette ins Parterre und wenig aufs Theater, las und schnupfte viel Tabak«, wie ein Augenzeuge berichtet. Im Burgtheater spielte eine französische Truppe unter anderm auch Opern. Die Grande Nation soll sich dabei »recht tumultuarisch« benommen haben. »Sie schrien, pfiffen durch den Mund und durch die Finger, klatschten einen Marsch und machten neuerdings den widrigsten Eindruck«, meint unser Augenzeuge, der offenbar kein Franzosenfreund war.

Als Donizetti noch Student am Konservatorium in Bologna war, verdiente er sich seine erste goldene Uhr, und das kam so:

Sein erster Lehrer Simon Mayr hatte eine Oper geschrieben: ›Die weiße und die rote Rose‹, die an der Bologneser Oper so erfolgreich war, daß der Impresario die Partitur nicht mehr herausgab, um zu verhindern, daß das Werk auch an einer andern Bühne gespielt würde. Der Komponist, den damals noch keinerlei Urheberrecht schützte, protestierte wütend, aber vergebens. Donizetti wußte Rat. Er ging dreimal hintereinander in die Vorstellung, dann setzte er sich hin und schrieb die Partitur aus dem Gedächtnis von der ersten bis zur letzten Seite nieder. Als er das Paket seinem Lehrer lachend übergab, geriet Mayr außer sich vor Freude. Er umarmte den »Teufelsjungen«, gab ihm eine zärtliche Ohrfeige und schenkte ihm seine goldene Uhr. So wurde Donizetti zum zweitenmal gefirmt. Der Heilige Geist war bereits über ihm ...

Viele Jahre später schrieb Donizetti in wenigen Wochen sein Meisterwerk ›Lucia di Lammermoor‹ nieder. Dabei verwendete er für den Chor im zweiten Akt einfach ein Stück aus einer Messe seines Lehrers. Als gute Freunde diesem den »Diebstahl« hinterbrachten, lachte Mayr bloß und meinte: »Was wollt ihr? Mein bester Schüler hat mir eine große Ehre erwiesen!«

Donizettis uferlose Fruchtbarkeit wurde nur noch von der Leichtigkeit und Sorglosigkeit, mit der er seine siebzig Opern hinschrieb, übertroffen. Eines Abends gab es in seiner Wohnung große Gesellschaft. Donizetti sprühte vor Laune. Plötzlich stockte er mitten in einem Bonmot, verstummte, drehte sich um und verließ das Zimmer. Man stutzte, dann vergaß man ihn. Als er nach einer halben Stunde wiederkehrte, umringten ihn die Freunde: »Wo steckst du denn, was ist los mit dir?«

»Ach, nichts von Bedeutung«, erwiderte Donizetti, »ich habe inzwischen bloß das Finale meiner neuen Oper ›Torquato Tasso‹ fertig geschrieben.«

1830 wurde Donizetti als Hauskomponist an die Mailänder Scala verpflichtet und bezog Quartier in der Stadt. Seine Zimmervermieterin, die ihn betreute, berichtet:

»Untertags hatte der Maestro keine Lust zur Arbeit. Da gab es zu viele Vergnügungen. Am liebsten komponierte er von neun bis elf Uhr abends. Aber das war gerade die Zeit, da seine Freunde zu ihm kamen, um eine Partie Piquet mit ihm zu spielen. Und da er auch darauf nicht verzichten wollte, legte er sich Papier und Feder zurecht und spielte gleichsam mit der einen Hand Karten, mit der andern komponierte er seine ›Anna Bolena‹.«

Seine Oper ›Don Pasquale‹ warf Donizetti in kaum zehn Tagen aufs Papier. Als er erfuhr, daß Rossini für seinen ›Barbier‹ dreizehn Tage gebraucht habe, schüttelte er den Kopf: »Na ja, der biedere Rossini, beim Komponieren war er ja immer schon etwas bedächtig!«

Während in Venedig Vincenco Bellinis Oper ›Beatrice‹ uraufgeführt wurde, komponierte Donizetti seine ›Paresina‹. Dabei »erfand« er für das Finale seiner Oper das gleiche Thema, das Bellini bereits in einem Quartett seiner ›Beatrice‹ verwendet hatte. Als sich die beiden trafen, warfen sie einander vor, das Motiv abgeschrieben zu haben. Jeder beharrte auf sein Ersterfindungsrecht und beteuerte, die Partitur des andern gar nicht gekannt zu haben. So gingen sie unversöhnt auseinander.

Nach einigen Wochen erhielt Bellini von seinem Kollegen einen Brief, darin standen nur zwei Sätze:

»Weißt Du, von wem wir beide das Thema gestohlen haben? Von Carl Maria von Weber!«

Wie viele Komponisten, pflegte auch Donizetti seinem Genius auf Wanderungen und Spaziergängen zu begegnen. Begann sich dann der Einfall zu kristallisieren, blieb der Meister stehen und starrte gebannt auf einen Fleck.

Solches begab sich auch, als der Maestro mit seiner ›Regimentstochter‹ trächtig ging. Er schlenderte durch die Pariser Vorstadt, im Geiste komponierend, und hielt plötzlich vor dem Schaufenster eines Modeladens. Irritiert beobachtete die Chefin des Hauses durch die Auslage, wie der verdächtige Fremde unentwegt auf ein besonders attraktives Dessous starrte. Schließlich wurde es ihr zu dumm, und sie stellte den Mann gereizt zur Rede: »Monsieur, was suchen Sie eigentlich in meiner Auslage?«

Worauf Donizetti, aus seinem Schöpfertraum erwachend, sanft erwiderte: »Ob Sie's glauben oder nicht, Madame, ich suche dort das Finale meiner Regimentstochter.«

Um 1830 gab man im Londoner königlichen Opernhaus Vincenzo Bellinis ›Nachtwandlerin‹ mit der berühmten Malibran in der Titelrolle. Nach der großen Arie ›Ah, mi abbraccia‹ (›Ach, umarme mich‹) begann ein junger Mann in einer Loge heftig zu klatschen und rief begeistert: »Bravissimo!« Entrüstet über die Unterbrechung, die im damaligen London durchaus shocking war, forderte das Publikum laut die Entfernung des Störenfrieds. Barsch nach seinem Namen befragt, antwortete der junge Mann: »Vincenzo Bellini.«

Die Nachricht davon verbreitete sich wie ein Lauffeuer im Haus, und nun begannen die kühl-reservierten Londoner zu klatschen und ruhten nicht eher, bis sich Bellini auf die Bühne begab. Dort stand immer noch die Nachtwandlerin Malibran, streckte die Hände aus und schloß mit der jubelnden Phrase ›Ah, mi abbraccia!‹ den Maestro in die Arme.

Einer der originellsten Wiener Operndirektoren war der närrische Theatergraf Ferdinand Palffy, unter dessen Leitung das Theater an der Wien zu »einem der ersten Opernhäuser Deutschlands« wurde. Dabei büßte er sein ganzes beträchtliches Vermögen ein. Als er mit seinem Geld zu Rande war, ließ er das Theater verlosen. Das Theater mit seinen zwei Nebenhäusern wurde auf über 2 300 000 Gulden geschätzt. Das Los kostete 20 Gulden. Der Gewinner konnte sich dafür 300 000 Gulden in bar ablösen lassen. Ganz Wien stand kopf. »Jeder Harfenist von Thury, jeder Laternenbub von der Mehlgrube« sah sich – so berichtet ein

Zeitgenosse – schon als Nachfolger Palffys. Die Lose gingen reißend weg. Dann zog ein Weinhändler aus Mähren, Johann Mayer, den Haupttreffer und führte seine 300000 Gulden in blanken Silberzwanzigern auf einem Leiterwagen nach Hause. Palffy zählte einen Gewinn von 4420000 Gulden.

Trotzdem saß er bald wieder auf dem trockenen, worauf er bei dem Lotteriegewinner Mayer eine Hypothek auf 80000 Gulden aufnahm, die im Nu wieder zerschmolzen. Als der Ruin endgültig war, beschloß der närrische Graf seine Theaterlaufbahn beziehungsreich: Er gab als Abschiedsvorstellung Grillparzers ›König Ottokars Glück und Ende‹.

Die berühmte italienische Sopranistin Giulia Grisi, seit 1832 Primadonna in Paris und London, vermählte sich in zweiter Ehe mit ihrem Kollegen Marino und gebar ihm der Reihe nach drei Töchter. Als ein Gast das Dreimäderlhaus der Grisi besuchte, meinte er entzückt: »Ach, das sind aber drei reizende Grisetten!«

»Sie irren«, berichtigte die Diva, »die Mädchen sind drei Marionetten.«

Als sich Luigi Cherubini, der von Beethoven hochverehrte Schöpfer der Oper ›Der Wasserträger‹, der Vorläuferin des ›Fidelio‹, achtzigjährig bei seinem Schüler Daniel François Auber über die Beschwerden des Alters beklagte, tröstete ihn der Schüler: »Ja, verehrter Meister, aber das Altwerden ist doch das einzige bisher erfundene Mittel, um lange zu leben.«

Auber selbst starb im 90. Lebensjahr.

Die berühmte italienische Sängerin Marianna Barberini-Nini, an die Verdi dachte, als er an der Titelpartie seiner Oper ›Macbeth‹ schrieb, besaß eine Traumstimme und eine königliche Figur, dazu ein Gesicht, dessen Häßlichkeit sprichwörtlich war.

Bei einem Maskenball, den sie besuchte, war sie bald von einem Schwarm Verehrer umringt, die sie bedrängten, die Maske zu lüften.

Die Primadonna wehrte ab: »Signori, wenn Sie mein Gesicht sehen, werden Sie sehr enttäuscht sein!«

Aber das verschwor sich der Kühnste unter ihnen: »Selbst wenn Ihr Gesicht so häßlich wäre wie jenes der Barberini-Nini, würde ich es anbeten!«

»Ecco«, erwiderte die Sängerin sanft und nahm die Maske ab, »ich bin Barberini-Nini . . .«

Franz Pokorny, ein böhmischer Vollblutmusiker und echter Theater-Vater, übernahm 1845 das Theater an der Wien, das er über Nacht wieder zu einer bedeutenden Musikbühne machte, die mit der Hofoper wetteiferte. Hier sang die gefeierte Jetty Treffz, die spätere Gattin des Walzerkönigs Johann Strauß, hier stellte Jenny Lind, die »schwedische Nachtigall«, ganz Wien auf den Kopf. Hier dirigierten Franz von Suppé und Lortzing, dessen ›Waffenschmied‹ Pokorny zur Uraufführung brachte.

Einmal schickte der Direktor seinen Regisseur Peter nach Strehlitz, um den Tenor Hahn zu engagieren. Hahn kam und versagte völlig, so daß ihn Pokorny nach dem dritten Auftreten mit einer Abfertigungssumme wieder entließ. Moritz Saphir, der von Grillparzer bestgehaßte Kritiker, schrieb daraufhin lakonisch im ›Humorist‹:

»Und als der Hahn zum dritten Male krähte, ging Petrus hinaus und weinte bitterlich.«

Pokorny pflegte neben der Oper, der seine ganze Liebe galt und die ihn sein ganzes Vermögen kostete, gelegentlich auch das Schauspiel. Seine Hausprimadonna hieß Marra, sein Erster Darsteller war der große Volkskomiker und spätere Burgschauspieler Friedrich Beckmann. Als sich Beckmann einmal bei ihm darüber beklagte, daß er zu sehr die Oper protegiere, erwiderte der Direktor: »Wenn is sich Marra gesund, dann ise Oper, wenn is sich Marra krank, dann ise Beckmann. Das ise, bitt' schön, meine Rebertoar!«

Dem Schriftsteller-Arzt, Theaterkritiker und Lustspielautor Max Ring begegnete in einer Berliner Gesellschaft die große dramatische Sängerin Wilhelmine Schröder-Devrient, Beethovens erste Leonore, die sich damals – es war nach dem Dresdner Mai-Aufstand von 1848 – schon einige Jahre von der Bühne zurückgezogen hatte. Als er der immer noch faszinierenden Künstlerin gestand, wie sehr er sie einst als 18jähriger Student in den Partien des Romeo und Fidelio angehimmelt habe: »Wie überglücklich wäre ich damals gewesen, hätte ich Ihnen so nahe stehen dürfen wie jetzt!«, da rief sie lachend: »Sie dummer Mensch! Warum sind Sie nicht zu mir gekommen? Damals wären Sie mir auch lieber gewesen als heute!«

Als der unter der Last seines frühen Ruhmes stöhnende Rossini einmal den Stoßseufzer tat: »Wahrhaftig, ich möchte lieber Wurstfabrikant als Kompositeur sein!« und ein Freund darauf meinte, das wäre doch ganz in seiner Hand gelegen, er hätte nur in seiner Heimat in Pesaro bleiben müssen, wo die Wurstmacher zu Hause seien, da antwortete der Maestro: »Sie haben recht, aber meine Eltern haben in meiner Erziehung versagt und mich in die falsche Laufbahn gedrängt – jetzt ist es leider zu spät!«

Rossini hatte einen unüberwindlichen Hang zum »Dolce far niente«. Das machte sich schon in frühen Jahren geltend. Seine ersten Scudi verdiente sich der hochbegabte Junge als Korrepetitor einer Wanderoper. Aber das wurde ihm bald zu beschwerlich. Lieber schrieb er eine kleine Arie für einen Sänger, der ihm dafür ein paar Groschen gab. Als man ihm gar die Leitung des Orchesters anvertrauen wollte, streikte er. Der Vater wurde wütend: »Dummkopf, willst du von deinen Renten leben?«

»Nein, aber ich will komponieren!«

»Geh mir aus den Augen!« wetterte der Alte. »Du könntest der erste Trompeter des Königreiches werden und wirst nichts als der letzte Kompositeur von Italien!«

Einmal mußte der blutjunge Rossini eine Primadonna begleiten. Schon ihr monströses Äußeres reizte ihn. Als die Dame schließlich eine Arie mit einer verstiegenen Kadenz »verzierte«, bekam er einen Lachkrampf. Der Direktor, ein Marchese Cavalli, ließ daraufhin den Frechdachs rufen und drohte ihn einzusperren, wenn er sich noch einmal über die Donna lustig mache. Aber Gioacchino ließ sich nicht einschüchtern. Er wußte sich so geschickt zu verteidigen, daß der Marchese aus dem Staunen nicht herauskam. Die Standpredigt endete mit dem Versprechen des Direktors: »Wenn du einmal so weit bist, daß du eine Oper komponieren kannst, so will ich dir einen Text dazu schreiben lassen.«

Vier Jahre später, als die schöne Gräfin Olympia Perticari ihren Liebling auf ihre Kosten nach Venedig schickte, erinnerte sich Gioacchino an das Versprechen, und – Cavalli hielt Wort. Rossini komponierte seine erste Oper, ›Il Cambiale di Matrimonio‹, und debütierte damit 18jährig am Teatro San Mosé von Venedig. Der ›Schwan von Pesaro‹ – so nannte die faszinierte Welt später den erfolgreichsten Opernlieferanten aller Zeiten – war flügge geworden ...

Die Leichtigkeit, aber auch Leichtfertigkeit, mit der Rossini seine weiteren Bühnenwerke aus dem Ärmel schüttelte – er schrieb bis zu sechs Stück in einem Jahr – grenzte ans Unwahrscheinliche. »Man weiß, daß mir kaum sechs Wochen vergönnt sind, eine Oper zu schreiben«, bekannte er offenherzig. »Während der ersten vier Wochen lebe ich meiner Unterhaltung. Wann sollte ich auch mein Leben genießen als in meinem gegenwärtigen Alter und Glück? In den letzten vierzehn Tagen schreibe ich jeden Morgen eine Arie oder ein Duett, die abends probiert werden. Wie soll ich da die Fehler sehen, die sich in die Begleitung einschleichen?«

In Rossinis Oper ›L'inganno felice‹, die in Venedig volle Häuser machte, entdeckte der alte Generali fast notengetreu ein Terzett aus seiner Oper ›Adelina‹. Als er Rossini zur Rede stellte, antwortete dieser mit unschuldsvollster Miene: »Ich weiß es. Aber dieses Terzett ist die wichtigste Situation meiner Oper; ich konnte sie unmöglich umgehen, und es fehlte mir gerade ein glücklicher Gedanke. Da habe ich sie von Ihnen genommen. Konnte ich eine bessere Wahl treffen?«

Selbst Mißerfolge wußte Rossini sich noch schmackhaft zu machen. Als seine erste ernste Oper ›Ciro in Babilonia‹ in Ferrara mit Bomben und Granaten durchgefallen war, bestellte er bei einem Zuckerbäcker ein Marzipanschiff mit der Aufschrift »Ciro«, dessen geborstener Mastbaum »in einem Meer süßen Rahmes« schwamm, und verzehrte mit seinen Freunden lachend das gescheiterte Vehikel.

Bei der Premiere seiner Oper ›La Scala di Seta‹ kam es in der Lagunenstadt zu einem ausgewachsenen Skandal. Der Impresario hatte Rossini ein miserables Textbuch zur Vertonung übersandt und entschuldigte sich deshalb kurz vor der Aufführung. Rossini beruhigte ihn: »Ich habe es gemerkt und meine Musik danach eingerichtet.«

Der Impresario, der die Bemerkung zunächst für einen Scherz gehalten hatte, merkte bald, wie bitter ernst sie gemeint war. Die tollsten Gassenhauer quollen aus dem Orchester, das Publikum fühlte sich verhöhnt und schlug das Theater kurz und klein. Rossini hatte sich gerächt.

Für das berühmte Teatro Fenice in Venedig schrieb Rossini seine Oper ›Tancred‹ (nach Tassos ›Befreitem Jerusalem‹), die den 21jährigen Maestro über Nacht zum Abgott Italiens machte.

»Der Kaiser Napoleon kam nach Venedig«, so berichtet der Franzose Stendhal, »aber kein Mensch beachtete ihn sonderlich. ›Tancred‹ hatte alle Sinne für sich beansprucht.« Seine Arien erklangen nicht nur auf den Bühnen, sondern man hörte sie bald auch von italienischen Kirchenchören. Der entsetzte Vatikan erließ ein Rundschreiben. Aber das half nicht viel. Die Pfarrherren zuckten die Achseln: »Der Zweck heiligt die Mittel, seit wir Rossini spielen, sind unsere Kirchen voll.«

Drei Jahre später schrieb der 24jährige Maestro in dreizehn Tagen den ›Barbier von Sevilla‹, den Welterfolg seines Lebens. Die Uraufführung in Rom am 5. Februar 1816 aber war eine Katastrophe. Die Anhänger des älteren Paesiello, der den gleichen Stoff bereits erfolgreich vertont hatte, schlugen Krach. Eine falsch gestimmte Gitarre gab den ersten Anlaß zum Randalieren. Als ein Sänger der Länge nach hinfiel, brüllte das ganze Haus vor Lachen. Und dann, mitten im ersten Finale, spazierte plötzlich eine Katze über die Bühne. Der Vorhang mußte fallen. Der zweite Akt ging im Tumult der Gegner unter. Rossini aber applaudierte sich selbst und ging gemächlich heim. Als die Sänger in seine Wohnung kamen, um ihn zu trösten, schlief er bereits fest und tief.

Schon am andern Tag wurde die Oper bejubelt, und von da raste der Erfolg wie eine Springflut über ganz Europa.

Als Rossini 1824 mit dem ›Barbier‹ nach Wien kam, stellte er die Stadt auf den Kopf. Man trug Rossini-Hüte und Rossini-Krawatten, aß Rossini-Speisen und hörte auf den Vorstadtbühnen Rossini-Parodien. Dem ›Barbier von Sevilla‹ folgte der ›Barbier von Sievering‹ auf dem Fuß, und Nestroy schrieb nach Rossinis berühmter Melodie ›Di tanti palpiti‹ sein bald nicht minder berühmtes Couplet auf »die Tante, die dalkete«. Schubert komponierte zwei Ouvertüren im Rossini-Stil. Carl Maria von Weber bekannte in komischer Verzweiflung: »Wenn es diese verfluchten Kerle schon so weit bringen, daß solch nichtswürdiges Zeug mir zu gefallen anfängt, da mag der Teufel dabei aushalten.« Die Wiener aber saßen – nach dem Bericht eines Augenzeugen – bei jeder Aufführung »wie die Heringe in der Tonne«.

Mitten in den Wiener Rossini-Taumel schlug die Erstaufführung von Webers ›Freischütz‹ wie eine Bombe ein. Sie teilte ganz Wien in zwei feindliche Lager: in Rossinisten und Weberianer. Dabei

hatte sich die Zensur einen unvergleichlichen Schildbürger-
streich geleistet. Der »gute« Kaiser Franz konnte das Schießen
auf der Bühne nicht leiden. Also mußten die Jäger die Flinte ins
Korn werfen und sich mit Armbrüsten bewaffnen, Max und
Kaspar durften in der Wolfsschlucht nicht Freikugeln gießen,
sondern hatten in einem hohlen Eichenstamm nach verzauberten
Bolzen zu suchen. Als Weber am Faschingsdienstag des Jahres
1822 die 25. Aufführung sah, erkannte er seinen ›Freischütz‹
nicht wieder.

Trotzdem widmete Weber seine ›Euryanthe‹, die man im Kärntnertortheater bei ihm bestellt hatte und deren unsterbliches
Stück, die Ouvertüre, der Meister in Wien schrieb, dem guten
Kaiser Franz. Das verhinderte nicht, daß Schubert die Musik
»ungemütlich«, Grillparzer sogar »scheußlich« und »polizeiwid-
rig« fand. Einen wesentlichen Anteil am Mißerfolg des Werkes
hatte die Textdichterin Helmine von Chézy, die »heillose Frau
von Chézy«, wie Moritz von Schwind den schriftstellernden
Blaustrumpf nannte, die allein für den ersten Akt jammernd elf
Fassungen fabrizierte. Dabei ging sie Weber derart auf die Ner-
ven, daß er sie einmal unwirsch im ›Euryanthe‹-Ton hinauskom-
plimentierte: »Helmine von Chézy, / geborene Klencke, / jetzt
geh Sie, / sonst krieg' ich die Kränke!«

In der Partitur zum ›Freischütz‹ schuf Weber eine neue Opernwelt. Wagners Musikdramatik kündigte sich an, nicht nur in der
Verwendung von Erinnerungsmotiven, sondern auch im Einsatz
völlig neuer »konträrer« Klangwirkungen (tiefe Töne hoher Instrumente und umgekehrt), die ebenfalls leitmotivisch verwendet werden. Sooft etwa die »finsteren Mächte« in Erscheinung
treten, greift Weber zu denselben charakteristischen Farbtönen
im Orchester: gestopfte Hörner, tiefe Lagen der Streicher und
Holzbläser, kreischende Piccoloflöten. So kam es zu einer musikalischen Psychologie, die Beethoven begeistert erkannt und
anerkannt hat: »Das sonst so weiche Männle, ich hätt's ihm
nimmermehr zugetraut!« polterte er vergnügt nach der Aufführung los. »Nun muß der Weber Opern schreiben, eine über die
andere, und ohne daran viel zu knaupeln! Der Kaspar, das Un-
tier, steht da wie ein Haus! Überall, wo der Teufel die Tatzen
'reinsteckt, da spürt man sie auch!«

Und um viele Jahre später stellte Hans Pfitzner fest: »Weber
kam auf die Welt, um den ›Freischütz‹ zu schreiben.«

Nach einer Vorstellung von Webers ›Freischütz‹ in Breslau erzählte der Bassist, der den bösen Kaspar sang, bei einer Nachfeier im Gasthaus seinen Kollegen: »Also was mir heute passiert ist. Um ein Haar hätt' ich die ganze Aufführung geschmissen. Ich habe plötzlich den Text völlig vergessen.«

»Na, und wie ging's dann doch weiter?« wollte einer wissen.

»Ja«, erwiderte Kaspar, »zum Glück ist mir rechtzeitig, ›lalala‹ eingefallen!«

Als Giacomo Meyerbeer auch in Wien mit seinen Opern viel Lärm machte – bei der Premiere seiner mit größtem Pomp gegebenen ›Hugenotten‹ war das Kärntnertortheater schon am Nachmittag so voll, daß man schließlich in die Sperrsitze und ins zweite Parterre mit Leitern durch die Logen einsteigen mußte –, wurde Rossini, der auch dabei war, nach der Aufführung gefragt, wie ihm die Musik gefallen habe. »Musik?« fragte er zurück, »ich habe nichts davon bemerkt.«

Um weniges später – mit siebenunddreißig Jahren! – legte Rossini die Feder aus der Hand und komponierte fast nur noch Menüs, Pasteten und treffende Bonmots. Dies, obgleich er das immerhin beachtliche Alter von 76 Jahren erreichte. Es gibt in der ganzen Musikgeschichte keinen zweiten Künstler, der so früh Feierabend gemacht hat. Er selbst hat die Lösung dieses Rätsels angeboten mit den Worten: »Ich gebe gar nichts auf das ›Recht der Arbeit‹, halte es vielmehr für das größte und köstlichste Recht des Menschen, nichts zu tun.«

Als ein italienischer Graf Rossini einen Orden übersandte, bedankte sich der Maestro mit den Worten: »Herr Graf, ich bat Euch um geräucherte Fleischwaren, nicht um Orden. Diese kann ich überall haben. Die Fleischwaren dagegen sind eine Spezialität von Euch. Ich sende Euch Patent und Insignien zurück . . .«

Weit glimpflicher kam der Marquis Antonio Busca davon, an den Rossini im Mai 1864 folgende Epistel schrieb: »Geliebter Marquis Busca, mein Schutzengel! Orest und Pylades, die beiden Stracchinikäse, sind in bester Verfassung angekommen. Diese beiden Kleinodien (die mir zärtlich Ihre Hochherzigkeit beweisen) sind ein Trost für mein Herz, meinen Magen und meine Eigenliebe . . .«

Am liebsten aber korrespondierte Rossini als Starkomponist im Ruhestand mit den italienischen Delikatessenhändlern. So heißt es in einem seiner originellen Briefe:

»Florenz, 28. Dezember 1853.

Der sogenannte Schwan von Pesaro an den Adler der Estensischen Delikatessenhändler!

Ihr habt etwas Besonderes für mich tun wollen, indem Ihr mich mit eigens zubereiteten gefüllten Schweinsfüßen und Nudelhütchen bedacht habt, und es ist sehr angebracht, daß ich, gleichsam aus der Tiefe der vaterländischen Sümpfe des antiken Padusa, einen lauten Schrei des Dankes gegen Euch erhebe. Ich fand die Sammlung Eurer Werke in jeder Hinsicht vollkommen, und alle, die das Glück hatten, sich an der Feinheit Eurer berühmten Erzeugnisse zu ergötzen, würdigen mit mir die große Meisterschaft.

Ich setze meine Lobeshymne nicht in Musik, weil ich in einem solchen Lärm in der Welt der Tonkunst Exkomponist bleibe. Das ist gut für mich und besser für Euch. Ihr versteht Euch auf die Kunst, den Gaumen zu befriedigen, der sicherer urteilt als das Ohr, weil er sich auf die Feinheit des Tastgefühls, des Prinzips der Vitalität, in seinem empfindlichsten Organ stützt. Nehmt deshalb als Gegengabe meinen herzlichen Dank für Eure Bemühungen entgegen. Ich hege den Wunsch, daß dieser Euch zu noch höheren Flügen anreizen möge, damit Ihr Euch einen Lorbeerkranz verdient, mit dem Euch sehr gerne bekränzen würde Euer ergebener Diener   Rossini«

Als sich hingegen ein junger Komponist an den Maestro mit der wenig geistreichen Frage wandte, wann man am besten die Ouvertüre zu einer Oper komponiere, antwortete Rossini: »Wartet bis zum Abend vor der Aufführung! Nichts regt die Eingebung mehr an als die Notwendigkeit, die Gegenwart eines Kopisten, der auf Eure Arbeit wartet, und das Drängen eines geängstigten Impresarios, der sich in Büscheln die Haare ausrauft. Zu meiner Zeit hatten in Italien alle Impresarios mit dreißig Jahren eine Glatze.

Das Vorspiel zum ›Othello‹ habe ich in einem kleinen Zimmer des Palastes Barbaja komponiert, wo der kahlköpfigste und wildeste aller Direktoren mich nur mit einer Schüssel Makkaroni und unter der Drohung, mich nicht eher aus dem Zimmer herauszulassen, bis ich die letzte Note geschrieben hätte, gewaltsam eingeschlossen hatte.

Das Vorspiel zur ›Diebischen Elster‹ habe ich am Tage der Uraufführung unter dem Dach der Scala geschrieben, wo mich der Direktor gefangengesetzt hatte. Ich wurde von vier Maschinisten bewacht, die Anweisung hatten, meinen Originaltext Blatt für Blatt den Kopisten aus dem Fenster zuzuwerfen, die ihn unten zur Abschrift erwarteten. Falls das Notenpapier ausbleiben sollte, hatten sie den Befehl, mich selbst aus dem Fenster zu werfen.

Beim ›Barbier‹ machte ich es mir einfacher; ich komponierte gar kein Vorspiel, sondern nahm das für die halbernste Oper ›Elisabeth‹ bestimmte. Das Publikum war höchst zufrieden.

Das Vorspiel zum ›Grafen Ory‹ habe ich beim Fischfang mit den Füßen im Wasser in Gesellschaft des Herrn Aguada geschrieben, während dieser mir einen Vortrag über die spanischen Finanzverhältnisse hielt. Das Vorspiel zum ›Wilhelm Tell‹ wurde unter fast ähnlichen Umständen geschrieben. Und was endlich den ›Moses‹ betrifft, so schrieb ich dazu gar keins.

Hochachtend   Rossini«

Als Giacomo Meyerbeer 1864 in Paris gestorben war, klopfte eines Tages ein junger Mann bei Maestro Rossini an, der in Ruelle bei Paris seinen Alterssitz aufgeschlagen hatte, stellte sich als Neffe Meyerbeers vor und bat den Meister, einen Trauermarsch anzuhören, den er auf den Tod seines Oheims geschrieben habe.

Rossini hörte dem jungen Mann eine Weile zu, dann unterbrach er und meinte mit liebenswürdigster Miene: »Lieber Freund, ich glaube doch, es wäre besser gewesen, Sie wären gestorben und Ihr Onkel hätte den Trauermarsch komponiert!«

Der liebenswürdige Greis Rossini – der Mozart über alles verehrte – hat noch, mit einiger Belustigung, den Wirbel um Richard Wagner miterlebt. Seinen Eindruck über den ›Lohengrin‹ faßte er in dem inzwischen zu einem geflügelten Wort gewordenen Satz zusammen: »Ja, er hat schöne Augenblicke – aber böse Viertelstunden!«

Kapitel III
Ein Gigant wirft einen langen Schatten
Richard Wagner, Ein Für und Wider ohne Ende

> »Schon die Ouvertüre war wundervoll und
> erst die Oper – ich finde keine Worte ... Ich
> sag' Ihnen nur, daß ich ein Narr bin ...«
> *Hugo Wolf*
> *nach einer ›Tannhäuser‹-Aufführung*

> »Nein, nein und dreimal nein, das deutsche
> Volk hat mit dieser nun offenbar geworde-
> nen Affenschande nichts gemein!«
> *Der Kritiker Ludwig Speidel*

Richard Wagner hat seine Mitwelt nicht nur mit seinen revolutionären Musikdramen und seiner »Zukunftsmusik«, sondern
auch mit seinen ständigen Geldaffären in Atem gehalten. Schon
mit 19 Jahren machte er – bei seinem ersten Besuch in Wien –
Schulden, an denen er noch als Dresdner Kapellmeister zu zahlen
hatte. Dreißig Jahre später konnte er nur durch die Flucht seinen
Wiener Gläubigern entgehen, wobei er die Kleinigkeit von 30 000
Gulden als Schuld hinterließ. Seine Stellung zum Geld ähnelte
jener, die Brahms gegenüber Ehren und Auszeichnungen ein-
nahm: »Orden sind mir wurscht, nur haben möcht' ich sie!«

Als Wagner von einem italienischen Kollegen befragt wurde,
welches Werk er für sein gelungenstes halte, erwiderte er ohne
Zögern: »Natürlich den Philadelphia-Marsch!«

Und da diese verblüffende Wertung dem Italiener die Rede zu
verschlagen schien, setzte Wagner hinzu: »Hat er mir nicht mehr
Geld eingebracht als irgendein anderes Stück?«

Zu seinem 35. Geburtstag schrieb sich Richard Wagner selbst
folgenden Glückwunschvers:

> »Im wunderschönen Monat Mai
> Kroch Richard Wagner aus dem Ei.
> Ihm wünschen, die zumeist ihn lieben,
> Er wäre besser drin geblieben.«

Den Ruhm, die allererste Aufführung einer Wagner-Oper in
Österreich gewagt zu haben, darf Graz für sich in Anspruch

nehmen. Man brachte dort im Januar 1854 den ›Tannhäuser‹ auf die Bretter, der in der Wiener Hofoper ob seiner »Sittenlosigkeit« verpönt war.

In Wien ertönten die ersten Wagner-Melodien nicht in der Oper, sondern im Volksgarten, wo Johann Strauß mit seiner Kapelle die Ouvertüre, den Pilgerchor und die Wolfram-Gesänge und später sogar das ›Tristan‹-Vorspiel den Wienern zum Kaffee aufspielte. Die erste Wiener Wagner-Premiere aber fand im Thalia-Theater, der Sommerarena des Josefstädtertheaters, einer glasgedeckten Vorstadt-Bretterbude, statt, wo die Zuschauer in Hemdärmeln saßen und sich über die gewagten Späße der genialen Volksschauspielerin Pepi Gallmeyer vergnügten. Über die ›Tannhäuser‹-Premiere, die Direktor Hoffmann hier auf die Beine stellte, berichtet ein Zeitgenosse: »Der Sängerkampf um die Palme der Heiserkeit blieb unentschieden ... Der Landgraf empfing die Edlen des Landes wie ein Philister und seine Tocher die Gäste wie eine geladene Teegesellschaft ... Wenn die Edlen so ausschauten, möchte ich die Gemeinen sehen!« Trotzdem wurde die Aufführung ein Bombenerfolg. Hoffmann brachte es auf 37 Vorstellungen. In der zwölften übernahm die Partie der Venus eine gewisse Madame Richter. Sie war die Mutter des später größten Wagnerdirigenten seiner Zeit – Hans Richter.

Grillparzer, der die ›Tannhäuser‹-Ouvertüre einige Jahre später in einem Konzert der Gesellschaft der Musikfreunde hörte, schrieb nach der Aufführung: »Ich bin entzückt. Das heißt: gegenwärtig. Denn während des Anhörens taten mir ziemlich die Ohren weh.«

In der programmatischen Ausdeutung der Ouvertüre schwankte er zwischen »dem Russisch-Türkischen Krieg, einem Eisstoß, der Erschaffung oder dem Untergang der Welt.«

Johann Nestroy aber schrieb seine ›Tannhäuser‹-Parodie – und das Gegenstück dazu: ›Lohengelb oder Die Prinzessin von Dragant‹ – und machte Wagner in Wien vollends populär.

Etwa um diese Zeit kündigte die Schweizerische Theatergruppe einem hochzuverehrenden Publikum die Premiere eines Stückes ›Tannhäuser oder der Deklamationskrieg auf der Wartburg‹ mit folgenden verlockenden Worten an:

»Verehrungswürdige!

Mein Gatte, weiland Joseph Schweitzer, hat dieses gediegene

Schauspiel verfaßt, bevor er in das Jenseits abberufen ward, wo er für jede Sünde Rechenschaft abgeben muß. Er schrieb dieses Stück mit seinem Herzblut und drang in die Gewalten der Liebe mächtig ein, ohne den Venusberg je besucht zu haben. Ich bitte, das Stück meines seligen Mannes deshalb nicht mit der Oper dieses Herrn Richard Wagner zu verwechseln, mit dessen Ansichten mein seliger Mann nie etwas gemein haben wollte. Mein Mann hat die Liebe in dem Stück behandelt, wie er sie empfunden, tief und gewaltig-schön, was ich am besten bezeugen kann. Vor allem so, daß jeder, der sein Stück ansieht, mitfühlen kann, was schon daraus hervorgeht, daß der Held Tannhäuser und die Heldin Elisabeth zum Schluß heiraten und nicht sterben, weshalb Ihnen ein vergnügter, gemütlicher Abend bei dem Besuch der Vorstellung sicher ist.

Karoline Schweitzer,
Direktorin und Nachfolgerin des Dichters
des Stückes, weiland Joseph Schweitzer.«

Am 13. März 1861 ging in der Grand Opéra in Paris Wagners ›Tannhäuser‹ nach endlosen Schwierigkeiten und 164 (!) Proben zum erstenmal in der sogenannten Pariser Fassung in Szene. Bei der Wiederholung, fünf Tage später, bereiteten die Mitglieder des feudalen Pariser Jockeiklubs, die sich zu diesem Anlaß mit Jagdpfeifen und ähnlichem Gerät versorgt hatten, dem Werk trotz eines applaudierenden Kaiserpaares einen beispiellosen Skandal, weil Wagner sich geweigert hatte, für die Herren des Klubs ein Ballett einzufügen.

Fürstin Pauline Metternich, die Gattin des österreichischen Botschafters und Protektorin der Aufführung, äußerte sich damals empört gegenüber ihren französischen Standesgenossen: »Geht mir mit eurer Freiheit! In Wien, wo schließlich doch ein rechter Adel vorhanden ist, wäre der Fall, daß ein Fürst Liechtenstein oder Schwarzenberg aus seiner Loge pfeifend zu ›Fidelio‹ ein Ballett verlangte, undenkbar!«

Während Richard Wagner an seinen ›Meistersingern‹ schrieb, konzipierte er – es war im Frühling 1864 – folgende Grabinschrift für sich:

> »Hier liegt Richard Wagner, der nichts geworden,
> nicht einmal Ritter vom lumpigen Orden,
> nicht einen Hund hinter'm Ofen entlockt' er,
> Universitäten nicht 'mal 'nen Dokter . . .«

Bei den Proben zur Uraufführung von Wagners ›Tristan und Isolde‹ im Königlich Bayrischen Hoftheater in München erwies sich der Orchesterraum als zu klein, so daß der Dirigent Hans von Bülow anordnete, man möge einfach die erste Parkettreihe entfernen. Als ein Theaterbeamter heftig protestierte: »Das geht nicht, dann verlieren wir ja 30 Parkettsitze!«, erwiderte Bülow, der genau wußte, daß an diesen »Stammplätzen« die erbittertsten und hinterhältigsten Wagner-Gegner zu sitzen pflegten: »Aber was liegt denn daran, ob ein paar Schweinehunde mehr oder weniger hereingehen.«

Dieses Wort, das brühwarm der Münchner Presse hinterbracht wurde, entfachte einen öffentlichen Skandal, der Bülow sogar zu einer öffentlichen Erklärung zwang. Als er um viele Monate später bei seinem Münchner Barbier zukehrte, belehrte ihn dieser gutmütig: »Mei liaber Herr von Bülow, ja wia habn S' denn dös sagn kenna damals von de Schweinehund'? Wenn S' gsagt hättn: ›Is do ganz wurscht, ob da a paar Sauprotzen mehr oder weniger einigenga – koa Mensch hätt' si deswegn aufgregt.«

Auf wen Bülows »Schweinehunde« gemünzt waren, verriet unfreiwillig der ›Neue Bayrische Kurier‹, als er nach der ›Tristan‹-Uraufführung, die Ludwig II. von Bayern befohlen hatte, über den Schöpfer des Werkes schrieb: »Der bezahlte Musikmacher, der Barrikadenmann von Dresden, der einst an der Spitze einer Mordbrennerbande den Königspalast in Dresden in die Luft sprengen wollte, beabsichtigt nunmehr, den König von seinen Getreuen zu trennen, deren Plätze mit seinen Gesinnungsgenossen zu besetzen, den König zu isolieren und für die landesverräterischen Ideen einer rastlosen Umsturzpartei auszubeuten.«

München 1868. Chorprobe zur Uraufführung von Wagners ›Meistersingern‹ unter Hans von Bülow. Die Damen, die Bülow zuerst und gesondert bestellt hatte, waren bereits auf der Bühne des Opernhauses versammelt und in so angeregtem Gespräch vertieft, daß sie das Erscheinen des Dirigenten übersahen. Bülow wartete eine Zeitlang, ob sich das Geschnatter nicht beruhigen würde, dann klopfte er heftig mit dem Stab ans Pult und rief: »Meine Damen, darf ich Sie darauf aufmerksam machen, daß das Kapitol bereits gerettet ist?«

Einige Tage später eilte Hans von Bülow – schon ein wenig knapp vor Beginn der Vorstellung – ins Münchner Opernhaus, um die ›Meistersinger‹ zu dirigieren. Auf der dunklen Treppe prallte er unvermittelt mit einem unbekannten Herrn zusammen. »Esel!« brüllte der Fremde. Da zog Bülow den Hut, verneigte sich ganz leicht und sagte: »Von Bülow.«

Mathilde Mallinger, Richard Wagners erstes Evchen in den ›Meistersingern‹, erzählte ihrer prominentesten Schülerin Lotte Lehmann folgende kleine Wagner-Episode:

»Wir hatten schrecklich viele Proben von der Festwiese; immer wieder wurde die Szene wiederholt, in der ich dem Walter Stolzing endlich den Kranz auf den Kopf drücke. In meiner Ungeduld singe ich, so ganz aus Spaß, einen Triller in den einen Satz hinein, den ich zu singen habe: ›Keiner wie du so hold zu werben weiß‹, und da sieht mich der Wagner an und lacht und sagt: ›Lassen wir ihr das Vergnügen. Der Triller bleibt da stehen, weil er der Mallinger so gefällt.‹ – Und so habe ich eigentlich mitkomponiert an den ›Meistersingern‹ . . .«

Im Mai 1872 gab Richard Wagner zehn Tage vor der Grundsteinlegung des Festspielhauses mit dem Hofopernorchester sein erstes Bayreuther Konzert in Wien, das ereignishaften Charakter annahm. Auf dem Programm standen unter anderem die ›Tannhäuser‹-Ouvertüre in der Pariser Fassung und die Venusberg-Musik. Bei der Probe gab es einige Schwierigkeiten mit den Musikern. Als in der Ouvertüre das leidenschaftliche Venusberg-Motiv erklang, das den Bratschen Ungewohntes zumutete, klopfte der Meister ab und erklärte: »Vor mir war die Viola im Orchester immer nur das Aschenbrödel, während die andern Instrumente aufgeputzt einherstolzierten. Das muß jetzt anders werden. Sie, meine Herren, sollten mir's danken, denn ich habe die Bratschisten erst zu Menschen gemacht!«

Albert Bachrich, der am Bratschenpult saß und diesen Ausspruch überliefert hat, fügt hinzu: »Im ›Tristan‹ müssen dem Meister die Violaspieler schon als Übermenschen vorgeschwebt sein!«

Man kannte freilich damals die ›Elektra‹ und den ›Wozzeck‹ noch nicht . . .

Nach der feierlichen Grundsteinlegung des Bayreuther Festspielhauses im Mai 1872 dirigierte Richard Wagner im Markgräflichen Opernhaus Beethovens ›Neunte‹, eine Aufführung, die längst legendär geworden ist. So legendär, daß nach der Jahrhundertwende ein Feuilletonist darüber schreiben konnte:

»Wagner dirigierte, nachdem er drei Taktstöcke zerdroschen hatte, bei der Grundsteinlegung des Bayreuther Festspielhauses mit einem herausgerissenen Stuhlbein.«

Der humorige Münchner Musiker und Musikschriftsteller Ludwig Kusche meint dazu: »Damit ist endlich auch geklärt, warum nach diesem Konzert der Jubel der Zuhörer kein Ende nehmen wollte. Freude schöner Stuhlbeinfunken, Töchter aus Elysium!«

Der junge Felix Mottl wirkte noch unter Richard Wagner als Korrepetitor in Bayreuth. Bei einer Probe zur ›Walküre‹ wurde er von der Todesverkündigungsszene der Brünnhilde derart ergriffen, daß er innehielt und völlig darauf vergaß, seines Amtes zu walten. Da belehrte ihn der Meister gutmütig: »Aber mein Lieber, was sind das für Sentimentalitäten. Die Rührung überlassen wir denen da drunten im Parterre. Wir hier oben wissen doch, wie das gemacht wird, und halten den Kopf hübsch oben!«

Als der Vorstand des Bayreuther Patronatsvereins in einer Abendgesellschaft vor der Uraufführung des ›Parsifal‹ im Juli 1882 Richard Wagner einen neuen »Patron« vorstellte, konstatierte der Meister vergnügt: »Na also, das ganze Bayreuth ist nur noch eine einzige große Patrontasche!«

An einer deutschen Provinzbühne ging Richard Wagners ›Tannhäuser‹ über die Bretter. Mehr schlecht als recht. Der Kapellmeister war froh, als er den Abend ohne Schmiß über die Runden gebracht hatte. Als die Zuhörer durchs Foyer, wo man wenige Tage zuvor die Büste des Meisters enthüllt hatte, das Haus verließen, war das Postament leer, und an Stelle der Büste hing dort eine Tafel mit der Aufschrift: »Von der Aufführung meines ›Tannhäuser‹ bin ich noch ganz weg! Richard Wagner.«

Angelo Neumann, der erste Wiener »Nachtwächter« in der heißumkämpften, skandalumwitterten ›Meistersinger‹-Aufführung der Hofoper, später eine der stärksten Direktoren-Persönlichkeiten des Musiktheaters und einer der leidenschaftlichsten Wagner-Pioniere seiner Zeit, bereitete im Einverständnis mit dem Bayreuther Meister anfangs März 1881 im Berliner Viktoria-Theater eine ›Ring‹-Aufführung vor. Der Orchesterraum des Hauses war eigens zu diesem Zweck entsprechend vergrößert worden, um dem Siebzig-Mann-Orchester Platz zu bieten. Um so erstaunter war Direktor Neumann, als er von seinem Dirigenten Anton Seidl, der die Proben bis dahin in einem neutralen Berliner Saal geleitet hatte, folgendes Telegramm nach Leipzig erhielt: »Aufführungen im Viktoriatheater unmöglich, Orchesterraum ungenügend.«

Umgehend drahtete er zurück: »Eintreffe 12¼ nachts, komme vom Bahnhof direkt ins Theater. Setzen Sie Orchesterprobe im Viktoriatheater 12½ nachts an.«

Und so geschah es auch. Als Neumann eine halbe Stunde nach Mitternacht das ungeheizte Haus betrat, hatten sich die Orchestermusiker in voller Winterabjustierung im Orchesterraum eingefunden und erklärten, auf das Ersuchen, ihre Plätze einzunehmen und ein paar Takte zu spielen, das sei völlig unmöglich.

Darauf Neumann: »Meine Herren, wollen Sie so freundlich sein, Winterröcke und Pelze abzulegen, dazu auch Ihre Kopfbedeckungen, Shawls und so weiter ... auch Sie, lieber Seidl!«

Höhnisches Halloh und Gelächter der Musiker. Aber Neumann ließ sich nicht beirren. Die Garderoben wurden eingesammelt und in den ersten Parkettreihen aufgestapelt. Dann erklärte Neumann: »Ich wollte Ihnen nur den Raum anschaulich machen, den siebzig Pelze und Winterröcke, Tücher, Hüte, Schirme und Stöcke in Anspruch nehmen.«

Das blieb nicht ohne Eindruck. Zögernd und kopfschüttelnd nahmen die Musiker Platz. Die Probe begann. Und siehe da, es ging! Als die letzten Akkorde des Vorspiels zur ›Walküre‹ verklungen waren, brachen die Musiker in Beifall für den Direktor aus. Dieser verneigte sich nur leicht und wies lächelnd auf den Kleiderstapel. Darauf gab es neuerliches Gelächter, aber diesmal ein befreiendes. Der ›Ring‹ war gerettet.

Bei der Generalprobe zur ›Walküre‹ kam es dann zu einer unvorhergesehenen Komplikation, die beinahe die ganze Aufführung umgeworfen hätte. Zur Erzeugung der Dämpfe für den Feuerzauber hatte Direktor Neumann im Hof des Viktoriatheaters ein Lokomobil aufstellen lassen. Als er eine Stunde vor dem Termin im Theater eintraf, hatte sich dort der Oberbranddirektor von Berlin aufgepflanzt und erklärte kategorisch: »Det Ding ist feuerjefährlich und muß wech!«

Alle Vorstellungen halfen nichts. »Ick bin preußischer Beamter und habe meene Vorschriften!«

Indessen war der Münchner Tenor Heinrich Vogl, der den Siegmund zu singen hatte, eingetroffen und mischte sich ins Gespräch: »Gelt ja, Direktor, seid's in Verlegenheit! Habt's keine Dämpf'!« Und indem er auf das anschließende Gebäude deutete: »Der könnt' uns glei helfen, wenn er wollt'. Des is nämlich a Spritfabrik, die hat Dämpf' gnua! Brauchat ma nur a Röhrl legen.«

Der Oberbranddirektor nickte zustimmend, und Neumann stürzte schon in die Fabrik. Dort empfing ihn der Sohn des Besitzers mit den Worten: »Ich bin Wagner-Enthusiast!« Und als ihm der Direktor seine Nöte geschildert hatte, verbürgte er sich: »Mein Vater wird für Sie dampfen!«

Noch in der Nacht wurde die Mauer durchbrochen und eine Rohrleitung gelegt. Am anderen Morgen war der Feuerzauber perfekt. Über das Ergebnis versichert Direktor Neumann: »Ich habe nie wieder über so illusionsfördernde Dämpfe beim Nibelungenring verfügt!«

Zu den Bühnenproben erschien dann Richard Wagner mit seiner Gattin Cosima höchstpersönlich. Als ihn Neumann im Hotel Royal aufsuchte, empfing ihn der Meister ungnädig: »Sagen Sie, Neumann, ich habe da an den Säulen als Wotan Emil Scaria angezeigt gelesen. Was wollen Sie denn mit dem Hausknecht? Geben Sie dem Mann sein Honorar und schicken Sie ihn weg.« Und als Neumann protestierte, er habe Scaria in Wien als Wotan gehört und sei von ihm begeistert, entschied Wagner: »Entweder Sie schicken Scaria weg, oder ich reise ab!«

Da machte Neumann einen Vorschlag zur Güte: »Wir haben jetzt vormittags eine Probe der ›Walküre‹. Sie und Ihre Gattin kommen mit hinaus, gehen vorerst gar nicht auf die Szene, sondern setzen sich in die Loge und hören Scaria an. Mißfällt er Ihnen dann derart, wie Sie es voraussetzen – abreisen können Sie auch noch nach der Probe.«

Das leuchtete Frau Cosima ein, und sie wußte ihren Gatten zu überreden. In einer Proszeniumsloge nahmen sie beide Platz, in der Loge nebenan mußte Neumann sitzen, damit Wagner gleich seine Bemerkungen an ihn richten konnte. Aber dazu kam es nicht. Neumann hatte angeordnet, daß die Probe gleich mit dem zweiten Akt beginnen sollte, der fast ausschließlich Wotan gehört. Als nun Scaria nach seiner großen Szene abging, sprang Wagner auf, stürmte die Treppe hinunter auf die Bühne, so daß ihm Neumann kaum folgen konnte, und rief außer sich: »Wo ist Scaria? Wo ist Scaria?! Das ist ja großartig! Mensch, wo haben Sie das her?!« Auf der Bühne angelangt, umarmte und küßte er erst den Sänger, dann Neumann, ununterbrochen versichernd: »Das

haben Sie gut gemacht, Neumann, das haben Sie gut gemacht.«
So sang Emil Scaria auch bei der Berliner ›Ring‹-Premiere den
Wotan, und der »Hausknecht« wurde eine der tragenden Säulen
von Bayreuth. Als Wagner zwei Jahre später starb, übernahm er
die Oberleitung über das Bayreuther Erbe ...

Vor der ersten Gesamtprobe trat Wagner an die Rampe und
richtete – wie er es gerne zu tun pflegte – an die Musiker eine
kleine Ansprache: »Meine Herren, ich bitte Sie, nehmen Sie das
Fortissimo nicht zu ernst, machen Sie, wo es steht, lieber ein
Fortepiano daraus und aus dem Piano ein Pianissimo. Denken
Sie daran, daß Sie da unten so viele sind gegen eine einsame
menschliche Kehle hier heroben!«

Emil Scaria endete tragisch. Die ersten Anzeichen einer kommenden Katastrophe zeigten sich während einer ›Walküre‹-Auf-
führung in der Covent-Garden-Oper in London. Scaria, der
eben einen prachtvollen zweiten Akt hingelegt hatte, trat in der
Walkürenszene des dritten Aktes plötzlich von der falschen Seite
her auf, mit gebeugten Schultern und gesenktem Speer. Mit
Entsetzen bemerkten die Herren in der Direktionsloge, wie der
Sänger den ganzen Akt nur markierte, die hohen Noten in der
tieferen Oktave, die tiefen in der höheren sang und dabei ständig
ängstlich in die Kulissen sah, als drohte von dort ein Verfolger.
    Vier Monate später war Scaria wieder der alte. Bei der denk-
würdigen ›Parsifal‹-Uraufführung in Bayreuth von 1882 sang er
seinen legendär gewordenen Gurnemanz, der längst in die Geschichte eingegangen ist. Erst 1886 brach in einer ›Tannhäuser‹-Aufführung an der Wiener Hofoper das Unheil in voller
Wucht durch. Er verlor mitten in der Vorstellung das Gedächtnis, hörte auf einmal auf zu singen und fragte die Elisabeth:
»Welche Oper wird denn gespielt?« Er wurde abgeführt und
betrat nie mehr eine Bühne.

Die dritte ›Parsifal‹-Aufführung in Bayreuth hing buchstäblich
»an einem Faden«. Während Gurnemanz den reinen Toren Parsifal zum Gral geleitete, zog im Hintergrund eine Wandeldekoration vorbei, die plötzlich bockte und stecken blieb. Der Ma-
schinenmeister Fritz Brandt erkannte blitzartig die Gefahr, riß
einen Theaterdolch an sich, kletterte die Wandeldekoration hinauf und schnitt kurzentschlossen das Hindernis durch. Gurnemanz konnte seine Wanderung fortsetzen. Im Zuschauerraum

hatte man den Zwischenfall kaum bemerkt; auch hinter der Bühne nicht. Erst in der Pause, als Wagner nach dem Maschinen- meister fahndete, vermißte man Brandt. Der hing immer noch im Schnürboden und mußte erst umständlich abgeseilt werden. Worauf der Meister entschied: »Brandt bekommt heute Arti- sten-Zulage!«

Als Angelo Neumann mit seinem von ihm begründeten Richard- Wagner-Theater den ›Ring‹ auch im Stuttgarter Hoftheater aufführen wollte, fand er in dem allmächtigen Staatsminister von Gunzert einen hartnäckigen Gegner. Nach einer heißen Debatte entschied der Minister: »Wisse Se was? Se gebe ja nächste Woch' die Nibelunge in Karlsruhe. Reserviere Se mer en Platz, i komm niber und hör' mir das an. G'falle se mer, dann wolle mer die Nibelunge gebe, g'falle se mer nit, geb' i se nit!«

Lächelnd erwiderte Neumann: »Dann würde ich Exzellenz raten, lieber schon jetzt abzulehnen.«

»Und warum scho' jetzt?«

»Weil ich Exzellenz davor bewahren möchte, daß die Ge- schichte einmal berichten könnte: Staatsminister von Gunzert hat Wagners Nibelungen zurückgewiesen, nachdem er sie ge- hört. Tun Sie das, ohne das Werk zu kennen, so gilt das für Sie als Entschuldigung.«

Scharf musterte der Minister den Gegner, dann entspannte sich sein Gesicht: »Se habe recht! Komme Se, mache mer die Verträg'!«

Die Zahl 13 hat in Wagners Leben eine fast magische Bedeutung. Er wurde 1813 geboren. Der Name, der ins Taufbuch eingetra- gen wurde, besteht genau aus 13 Buchstaben. Die Quersumme seines Geburtsjahres ergibt wieder 13. Am 13. April 1845 vollen- dete Wagner die Instrumentation seines ›Tannhäuser‹, der am 13. März 1861 in Paris mit einem Heidenspektakel durchfiel. Als im selben Jahr bei einem Bankett des Tonkünstlerfestes auf der Altenburg von Weimar 13 geladene Gäste gezählt wurden und einer rasch verschwinden wollte, entschied der Meister apodik- tisch: »Dageblieben! Keiner soll verschwinden! Laßt mich den dreizehnten sein!« Er starb am 13. Februar 1883 ...

Um die Jahrhundertwende dirigierte Felix Mottl an der Co- vent-Garden-Oper in London zum erstenmal Wagners ›Sieg- fried‹ ohne Strich. Der junge Slezak sang die Titelrolle, Hans

Breuer den Mime. Nach der Vorstellung äußerte sich ein Herr aus dem Parkett zu seinem Nachbarn: »Den ungestrichenen ›Siegfried‹ muß man öfters hören, um auf den Geschmack zu kommen. Mich kriegen sie nicht mehr hinein.«

Hans Richter studierte 1905 in der Covent-Garden-Oper Wagners ›Tristan und Isolde‹ ein. Nach dem Orchestervorspiel, das er nicht unterbrochen hatte, ließ er den Taktstock sinken und sagte zu den Musikern mit verbindlichem Lächeln: »Meine Herren, ich sehe und höre, Sie sind durchwegs lauter vortreffliche Ehemänner!«

Siegfried Wagner, der Sohn des großen Richard, der selbst eine Reihe epigonaler Opern komponiert hat, diskutierte einmal mit Richard Strauss die Situation der Oper. »Mein Vater«, seufzte er, »ist eben ein Gebirge, über das man nicht hinweg kann.« Erwiderte Strauss gemütlich: »Ich hab' mir g'holfen. Ich bin rundumadum g'angen.«

Aus Leo Slezaks »Inhaltsangabe« des ›Lohengrin‹: »Plötzlich sieht man von weitem einen glänzenden Ritter in einem Kahne stehen, der von einem schneeweißen Schwan gezogen wird. Der Chor der Mannen brüllt durcheinander, zeigt auf den Ritter und schaut krampfhaft auf den Kapellmeister, was aber offenbar nicht viel nützt, denn sie sind untereinander vollständig verschiedener Ansicht, was der Lateiner ›Tohuwabohu‹ nennt. – Lohengrin kommt an, wird von allen Seiten beleuchtet, und singt das Schwanenlied, einen Viertelton zu tief. Der Schwan merkt das, darum fährt er davon . . .

Beim Brautzug erscheinen die gewiegtesten Chordamen als Brautjungfern und streuen Blumen. Die Mannen beteiligen sich am Schreiten und singen in Synkopen . . .

Lohengrin und Elsa werden von dem König ins Brautgemach geführt, der, nachdem er den beiden praktische Winke diesbezüglich zuteil werden ließ, sofort wieder verschwindet. Der Zuschauer merkt schon an der Einrichtung, daß das eine sehr unerfreuliche Brautnacht werden wird. Lohengrin singt so lange, bis ihn Elsa fragt, welchen Geschlechtes er sei. Die Bombe platzt . . .«

Diese Inhaltsangabe hat sich offenbar ein junger Kritiker zum Vorbild genommen, als er im Sommer 1962 über die Bayreuther

›Lohengrin‹-Premiere in einem deutschen Provinzblatt wörtlich schrieb:

»Da Elsa nicht weiß, welches Lohengrins Geschlecht ist, bleibt dieses eine ganze Weile in der Luft stehen ...«

Kapitel IV
Esprit und Italianita
Von Massenet bis Puccini

> »Die Wahrheit nachbilden, mag gut sein,
> aber die Wahrheit erfinden, ist besser, viel
> besser ...«
>
> *Giuseppe Verdi*

Jules Massenet, der Schöpfer von ›Werther‹ und ›Manon‹, hatte als Professor für Kompositionslehre am Pariser Conservatoire seine eigene Methode, um die Schüler zu »originalem« Schaffen anzuregen. »Kam unlängst ein blutjunger Mann mit einem Lied zu mir – so erzählte er einer Tischgesellschaft –, einem Liebeslied natürlich, übrigens gar nicht so übel. ›Sie haben doch gewiß eine kleine Freundin?‹ frage ich ihn. Er nickt verlegen. ›Na also‹, sage ich, ›dann spielen Sie ihr das Lied vor. Das Weitere wird sich dann schon finden.‹«

Einmal erschien ein junger Komponist bei Massenet mit dem Ansinnen, dem Meister seine Erstlingsoper vorzuführen. »Sie wissen doch«, erläuterte er wichtig, »daß Molière seine Stücke zuerst immer einer alten einfältigen Frau vorlas, um deren Wirkung zu testen.«

»Zu gütig«, erwiderte Massenet, »aber solange Sie nicht Molière sind, werden Sie mir gestatten, nicht Ihr altes einfältiges Weib zu sein!«

Massenet war ein mäßiger Dirigent. Das wußte er selbst. Trotzdem wurde er immer wieder aufgefordert, seine eigenen Werke zu dirigieren. So lud ihn auch die Pariser Oper ein, seine ›Manon‹ selbst zu leiten. Das Haus war ganz im Stile einer Gala-Premiere glanzvoll besetzt. Das Orchester harrte gespannt des Meisters und seiner inspiratorischen Kräfte.

Massenet erschien, vom Publikum stürmisch bejubelt, bestieg das Dirigentenpult, beugte sich hinunter zum Konzertmeister und sagte: »Mon ami, bitte führen Sie mich gut!«

Als Jules Massenets süß-elegante Oper ›Werther‹ 1892 mit den beiden Lieblingen des Ringstraßenpublikums Marie Renard und

Ernest van Dyk unter der Leitung des Direktors Jahn an der Wiener Hofoper mit größtem Erfolg uraufgeführt wurde, stellte Josef Hellmesberger trocken fest: »Bei der Oper von Massenet is' a Masse net von Massenet.«

»Was halten Sie von Ihrem Kollegen Camille Saint-Saëns?« wurde Jules Massenet einmal von einem neugierigen Landsmann befragt.

»Er ist eine Zierde der französischen Musik«, erwiderte Massenet höflich.

»Wissen Sie, daß Saint-Saëns kein gutes Haar an Ihren Opern läßt?« bohrte der Frager weiter.

»Gewiß«, antwortete Massenet lächelnd. »Wir beide pflegen immer das Gegenteil von dem zu sagen, was wir voneinander denken.«

Während der Proben zu Massenets ›Manon‹ himmelte ein stämmiger Feuerwehrmann der Pariser Oper die Primaballerina des Hauses aus der Entfernung, will sagen aus der Kulisse, derart offensichtlich an, daß es auch der Diva nicht entgehen konnte. Bis eine kleine, süße, miserable Ballettratte auftauchte, die dem standhaften Feuerwehrmann den Kopf verdrehte und ihm schließlich auch Gelegenheit gab, seine Verehrung aus der Nähe zu praktizieren.

Das wurmte die Primaballerina. Als sie daher des Chefs der Gebäudeinspektion ansichtig wurde, stellte sie, auf den ungetreuen Verehrer deutend, indigniert fest: ›Völlig unverantwortlich, daß Sie den Schutz der Oper so unverläßlichen Leuten anvertrauen ...!«

Der junge Georges Bizet war noch völlig unbekannt, als er im Pariser Salon seines Schwagers Halévy dem gefeierten Franz Liszt begegnete. Der Meister spielte eine seiner letzten Klavierkompositionen, die von technischen Schwierigkeiten strotzte. Nach dem stürmischen Beifall meinte Liszt: »Es gibt nur zwei Personen, die es genau so, wie ich es geschrieben habe, und im Originaltempo spielen können: Hans von Bülow und ich.« Da setzte sich der bescheidene Bizet an den Flügel und spielte das Stück im Tempo fehlerlos vom Blatt. Darauf der verblüffte Liszt: »Ich sehe, wir sind drei ... und der jüngste von den dreien ist wohl der kühnste und glänzendste Pianist!«

Trotzdem verschmähte es Bizet, als Pianist oder Klavierlehrer aufzutreten. »Du kannst andere Dinge machen als Theatermusik«, äußerte er sich zu seinem Landsmann Camille Saint-Saëns, »ich kann's nicht!« Er hungerte sich lieber kärglich durch, um nur Opern komponieren zu können. Die ersten vier, die er schrieb, sahen zu seinen Lebzeiten nie das Rampenlicht. Erst mit den ›Perlenfischern‹ kam er, fünfundzwanzigjährig, auf die Pariser Bretter. Zwölf Jahre später erschien, nach drei weiteren Opernversuchen, sein Meisterwerk: ›Carmen‹.

Sein Schwager Ludovic Halévy und Henri Meilhac, die später auch das unsterblich gewordene Libretto zur ›Fledermaus‹ schufen, hatten nach einer Novelle von Merimée ein vortreffliches Textbuch gebastelt, das eine kleine Revolution erzeugte. Einer der Direktoren der Pariser »Opéra comique«, der schon gegen das »Gesindel« von Schmugglern, Räubern, Zigeunern und Zigaretten-Fabriksarbeiterinnen protestierte, die da auftreten sollten, war entsetzt, daß schließlich auch noch die Heldin auf offener Szene erstochen werden sollte. Bis zuletzt beschwor er den Textdichter Halévy: »Ich bitte Sie, mein liebes Kind, lassen Sie sie nicht sterben!« Carmen starb trotzdem . . .

Bizet entflammte am Stoff. In ununterbrochener Arbeit von sechs Monaten warf er das Werk aufs Papier. Die 1200 Seiten starke Partitur instrumentierte er in der kaum faßbaren Zeit von acht Wochen! Am 3. März 1875 ging die ›Carmen‹ zum erstenmal in Szene. Der verwöhnte Star der Pariser Oper Galli-Marié sang die Titelrolle. Trotzdem wurde es nur ein halber Erfolg. Das Pariser Publikum, von heiterer Kost verwöhnt, ging nicht mit. Auf den Tag genau vier Monate später war Bizet tot. Das Herz hatte – so früh! – seinen Dienst versagt. Erst jetzt begann sich – im Ausland – die Begeisterung für ›Carmen‹ abzuzeichnen. Dann ging der Erfolg wie eine Springflut um die Welt.

Als der siebenjährige Ministrant Giuseppe Verdi, statt zu ministrieren, gebannt auf das Spiel der Orgel lauschte, weckte ihn der gestrenge geistliche Herr mit einem Fußtritt. Darüber erschrak der Knabe derart, daß er in Ohnmacht fiel. So dramatisch gestaltete sich seine frühe Begegnung mit der Tonkunst.

An den Vorfall aber knüpfte sich noch eine zweite fast unheimliche Begebenheit. Der greise Verdi hat sie selbst später einem Freund erzählt. Als der mißhandelte Knabe wieder zu Bewußtsein kam, sprang er auf und schrie, seiner selbst kaum mächtig, dem Priester zu: »Gott schleudere einen Blitz auf dich!« Dann rannte er aus der Kirche. Acht Jahre später weilte Beppo im Nachbardorf Madonnina dei Prati. Da zog ein furchtbares Gewitter auf. Und während eine ganze Sintflut vom Himmel stürzte, schlug der Blitz krachend in die Kirche und tötete zwei von den drei Priestern, die am Altar eine Messe lasen. Einer von den Erschlagenen war derselbe, der den kleinen Ministranten einst so unsanft aus dem siebenten Himmel der Musik gerissen hatte. Wer denkt da nicht an den künftigen seelengewaltigen Gesangsdramatiker, der die Leidenschaften wie Blitze auf die Bretter schleudern wird?

Und wie verhielt sich der Vater, der einfache Dorfgastwirt und -krämer Carlo Verdi? Er hat den unverläßlichen Ministranten nicht verdroschen, sondern dem musikbesessenen Jungen von seinem mühsam ersparten Geld – eine erstaunliche Tat für den Mann, der weder lesen noch schreiben konnte – ein altes Tafelklavier gekauft. Und er hat damit den Grundstein gelegt zum Lebenswerk des Meisters, der neben Mozart und Wagner als einer der größten Musikdramatiker der Menschheit in die Unsterblichkeit eingehen sollte.

Die Herren Professoren des berühmten Konservatoriums von Mailand ahnten davon nichts, als der achtzehnjährige Musikus Verdi, der daheim bereits seit elf Jahren das Organistenamt ausübte, seinen Lehrer vertrat und zu komponieren begonnen hatte, mit Hilfe eines Stipendiums, das Marie Louise, die Erzherzogin von Österreich und Witwe Napoleons, befürwortet hatte, zur Aufnahmeprüfung antrat. Er fiel glatt durch: wegen Talentlosigkeit und schlechter Handhaltung beim Klavierspiel ...

Verdis Aufstieg begann damit, daß er bei einer Aufführung von Haydns ›Schöpfung‹ für den verhinderten Dirigenten einsprang, worauf ihn die Mailänder Scala mit einem Opernauftrag betraute. Sein ›Oberto‹ wurde ein Erfolg. Jetzt bestellt der Impresario Merelli eine musikalische Komödie. Mit Feuereifer macht sich der junge Maestro an die Arbeit. Aber schon fiel ihm das Schicksal in den Arm. Er erkrankte, und das Geld ging zur Neige. In der äußersten Not opferte seine Gattin Margeritha ihren letzten Schmuck. Der Genesene raffte sich auf und begann wieder zu schreiben. Da schlägt das Schicksal abermals grausam zu: innerhalb weniger Monate stirbt Verdis ganze Familie. Erst seine Tochter, dann das Söhnchen und schließlich seine geliebte junge

Frau. Im Vorsommer 1840 trägt man den dritten Sarg aus seiner Wohnung.

Verdi ist dem Wahnsinn nahe. Und in dieser grauenvollen Lage soll der völlig Vereinsamte eine komische Oper schreiben! Er zwingt sich an den Schreibtisch und schafft es mit dem Aufgebot seiner letzten Kräfte. ›Un giorno di regno‹ (›König für jeden Tag‹) fällt durch. Es ist das schwächste Werk, das er je geschrieben hat. Völlig vernichtet, schwö er, nie mehr eine Zeile zu schreiben. Es geht ihm schlecht. Er nährt sich von Zwiebacksuppe, und er löst seinen Haushalt auf. Auch den Vertrag mit Merelli sucht er zu lösen. Aber der gewitzte Impresario wittert das Genie. Er sperrt Verdi mit einem neuen Textbuch in seiner Wohnung ein. Ein Vers davon springt dem Verlassenen in die Augen und läßt ihn nicht mehr los: »Va pensiero, sull' ali dorate.« (»Steig', Gedanke, auf goldenen Schwingen.«)

Am andern Morgen ist der berühmte Chor aus der Oper ›Nabucco‹ vollendet, die Verdi über Nacht zur Berühmtheit, darüber hinaus zum Bannerträger des »Risorgimento«, der italienischen Freiheitsbewegung, und damit zum Abgott seines Volkes macht. »Evviva Verdi!« wurde zum politischen Kampfruf, hinter dem sich der Name des künftigen Einigers von Jung-Italien verbarg: V(ittorio) E(manuele) R(e) d'I(talia).

Mit dem ›Nabucco‹ erschien Verdis Name zum erstenmal auf den Programmen der Wiener Hofoper. Sein Kollege Gustav Albert Lortzing, der damals für zwei Jahre als Kapellmeister ans Haus verpflichtet war, stellte fest: »Auch der große Verdi steht bei den Wienern sehr hoch.«

Mit seinem ›Rigoletto‹ konnte der Maestro 1852 endgültig in Wien Fuß fassen, obgleich die Presse alles unternahm, um dies zu verhindern. Im ›Troubadour‹ fand sie »das ganze Sündenregister Verdis«, dazu »eine auffallende Nachahmung Meyerbeers«. Seine ›Traviata‹ wurde sogar mit der Sittenpolizei bedroht. Der »Wagnertöter« Eduard Hanslick, der höchstens auf zwei Pflichtaufführungen schätzte, nannte sie eine »Mißgeburt« und die Musik »schwindsüchtig wie die Heldin«, nur dadurch interessant, »daß sie zeitweilig auch an Delirium tremens leidet«. Anläßlich der Wiener Premiere der ›Sizilianischen Vesper‹ sprach man gar von »tönendem Greuel«, »musikalischer Blasphemie« und »ästhetischer Injurie«.

Das Wiener Publikum kehrte sich freilich nicht daran, und Verdi selbst stellte einmal gelassen fest: »Wer will einen denn zwingen, die Zeitungen zu lesen? Wenn einem das eigene Gewissen sagt, daß man etwas Gutes geschrieben hat, dann braucht man sich nichts daraus zu machen ... Der Tag des Gerichtes wird kommen.«

Als Gasparo Spontinis posaunengepanzerte Oper ›Olympia‹ in Berlin viel Lärm machte, im Publikum und auf der Bühne, wo es in den prunkvollen Massenaufzügen auch einen lebenden Elefanten zu bewundern gab, da schrieb Heinrich Heine:

»Ein Witzling kam eben aus der brausenden ›Olympia‹, hörte auf der Straße den Zapfenstreich trommeln und rief atemschöpfend: ›Endlich hört man doch sanfte Musik!‹«

Er selbst faßte sein Urteil in den lapidaren Satz: »Spontini ist ein Posaunenengel!«

Eines Tages erhielt Verdi von einem Landsmann namens Bertani, der zweimal von Reggio nach Parma gefahren war, um sich die ›Aida‹ anzusehen, und beide Male enttäuscht heimgekehrt war, folgendes Schreiben:

»Werter Meister! In der Oper findet sich ganz und gar nichts, was begeistert oder fasziniert. Sie wird noch ein paar Mal das Theater füllen und dann in den Bibliotheken vermodern. Sie werden sich jetzt, lieber Herr Verdi, meinen Kummer vorstellen, daß ich für diese beiden Vorstellungen 32 Lire ausgegeben habe. Ich bitte Sie daher unverblümt, mir die Summe gefälligst zu ersetzen. Ich lasse hier die Rechnung folgen:

Hinfahrt per Bahn	2.60 Lire
Rückfahrt	3.30 Lire
Theater	8.00 Lire
verbrecherisch schlechtes	
Abendessen auf dem	
Bahnhof	2.00 Lire
Summe	15.90 Lire
Dieselbe Summe	mal 2
Summa summarum:	31.80 Lire

In der Hoffnung, daß Sie ihn aus dieser Klemme ziehen werden, grüßt Sie von Herzen   Bertani.«

Verdi schrieb daraufhin an seinen Verleger Ricordi:

»... Sie können sich denken, daß ich gern die kleine Rechnung bezahle, die er mir schickt. Ich bitte Sie also, ihm 27.80 Lire zuzusenden. Das ist allerdings nicht die volle Summe, die er fordert, aber es geht mir über den Spaß, daß ich ihm auch noch sein Abendessen bezahlen soll; er hätte sehr gut zu Hause essen können ... Im übrigen hat der Mann die Summe zu quittieren und die schriftliche Erklärung abzugeben, daß er nie mehr eine Verdi-Oper besuchen wird!«

1874 feierte Verdi seinen triumphalen Einzug ins neue Wiener Opernhaus am Ring. Direktor Johann Herbeck brachte die ›Aida‹ zur glanzvollen Wiener Erstaufführung. Das Stimmphänomen Marie Wilt sang die Titelrolle, Amalie Materna – Wagners erste Bayreuther Brünnhilde – die Amneris. Es gab eine 60000-Gulden-Inszenierung, von der ein Zeitgenosse meinte: »Die erspart dem Kronprinzen Rudolf einen Kursus in ägyptischer Archäologie.«

Hanslick aber fand in der ›Aida‹ »weder die Tat eines schöpferischen Genies noch die Arbeit eines fertigen Meisters«.

Folgende Anekdote heftet sich hartnäckig an Verdis Fersen. Eines Tages ging der Maestro in Mailand spazieren. An einer Ecke stand ein Leiermann und drehte lieblos und viel zu hastig seine Parade-Arie ›La donna e mobile‹ aus ›Rigoletto‹ herunter. Das störte Verdi. Er ging zu dem Mann, warf ihm eine Münze in den Hut und forderte ihn auf, das Stück nicht so salopp herunterzuwerfeln, sondern im richtigen Tempo zu spielen. Als er am andern Tag wieder an der Ecke vorbeikam, hatte der Mann ein Schild um den Hals hängen: »Schüler von Giuseppe Verdi.«

Auf die Frage, welches seiner Werke er für sein bestes halte, antwortete Verdi lächelnd: »Mein Altersheim für Musiker in Mailand.«

Pietro Mascagni, der Schöpfer des unsterblichen Opernreißers und -einakters ›Cavalleria rusticana‹ und Mitbegründer des italienischen Opernverismo, sollte ursprünglich Advokat werden. Musik betrieb er heimlich, wobei ihm vorübergehend ein reicher Gönner unter die Arme griff. Dann schlug sich Pietro als Klavierlehrer, Notenschreiber und Kapellmeister einer Operettenschmiere jämmerlich durchs Leben. Als der einflußreiche Verleger Sonzogno 1889 einen Wettbewerb für einen zündenden musikalischen Einakter ausschrieb, konnte Mascagni kaum die paar Lire auftreiben, um seinen Librettisten zu bevorschussen. Und als dann doch endlich die ersten Blätter des Textbuches eintrafen, geriet sein ganzes Budget ins Wanken: er kaufte sich für neun Lire einen Wecker, der ihn schon am frühen Morgen zum Komponieren rufen sollte. Die Ausgabe erwies sich als überflüssig, denn noch in derselben Nacht brachte Mascagnis Gattin ihr erstes Kind zur Welt ...

Trotzdem errang Mascagni mit seiner ›Cavalleria‹ den ersten Preis. Die Uraufführung fand am 17. Mai 1890 in Rom statt. Der junge Meister mußte sich erst von einer Bank Geld pumpen, um einen Anzug und die Fahrkarte kaufen zu können. Die Premiere schlug wie eine Bombe ein. Mascagni selbst bestätigt das »Echo des Beifallsgeschreis, das mich fast zu Boden schlug«. Von Rom raste der Erfolg um die ganze Welt. Als Mascagni nach der ›Cavalleria‹-Premiere in die Bank ging, um seinen Wechsel rückzulösen, den er für die Anleihe von 300 Lire hatte unterschreiben müssen, winkte der Bankier lächelnd ab: »Den Wechsel behalte ich mir. Ihr Autogramm ist bereits 300 Lire wert!«

Seitdem litt Mascagni nicht mehr an Minderwertigkeitskomplexen. Als er 1901 seine Oper ›Die Masken‹ vollendet hatte, notierte er auf das Titelblatt der Partitur: »Mir selbst gewidmet in größter Hochachtung und umwandelbarem Wohlgefallen.« Aber weder dieses noch irgendein anderes Werk von ihm konnte den Erfolg der ›Cavalleria‹ wiederholen. Sie alle sind verklungen und vergessen ...

In der Wiener Hofoper erschien Mascagnis ›Cavalleria rusticana‹ 1892 unter der Direktion von Wilhelm Jahn und zog – natürlich – gleich eine Parodie nach sich: ›Krawalleria musicana‹ von Alexander Weigl und Raoul Mader. Sie ging im Theater an der Wien über die Bretter. Alexander Girardi spielte die Hauptrolle, den Duriduri Salamucci, und sang wie Turridu eine schmachtende Siziliana: »Oh, Jola, du herziges Trutscherl, erhör' doch dein Salamutscherl!«

Nach einer ›Bajazzo‹-Aufführung in Manchester, die Leoncavallo »incognito« besucht hatte, wurde er von seinem ihm unbekannten Logennachbarn mit folgenden Worten gestellt: »Was sagen Sie zu dem Schmarren!? Alles gestohlen: die Cavatine ist von Berlioz, das Duett von Gounod, das Finale eine Kopie von Verdi ...!«

Der Meister dachte: Nur nicht widersprechen, sonst kriege ich den Narren nicht mehr los, und als der Mann weiter auf ihn einredete, floh er mit den Worten: »Ja, ja, Sie werden schon recht haben.«

Am nächsten Morgen stand in der Zeitung:

»Sonderinterview mit Leoncavallo. – Der Maestro hält seine Oper ›Bajazzo‹ für eine glatte Fälschung. Die Cavatine – so meint er – stammt von Berlioz, das Duett von Gounod und das Finale, so verrät er, ist eine Kopie von Verdi.«

Die fidele ›Bohème‹, die Giacomo Puccini in seiner Oper schildert, hat er als Musikstudent am eigenen Leib erlebt. In Mailand hauste er zu dritt in einer armseligen Stube, wo das Kochen verpönt war. Schmorte die Pasta asciutta in der Pfanne, so hieb Puccini mächtig in die Tasten des verstimmten Pianinos, um das Prasseln des Fettes zu übertönen. Beim Wirt vom »Excelsior« hatten sie unbegrenzten Kredit. Als Puccini einmal in einem Anfall von Verschwendungssucht pünktlich bezahlen wollte, meldete der Wirt andertags in seiner Hauszeitung:

»Gestern hat sich im ›Excelsior‹ ein unliebsamer Zwischenfall ereignet. Eine Person wagte es, nach Vertilgung eines Beefsteaks bar zu bezahlen. Dieses peinliche und beispiellose Vorgehen hat glücklicherweise keine betrüblichen Folgen nach sich gezogen.«

Um viele Jahre später sandte der längst arrivierte Puccini wieder einmal, wie es seine Gepflogenheit war, an seine Freunde als Weihnachtsgruß einen schmuck verpackten italienischen Kuchen, genannt Panettone. Zu spät merkte er, daß auch an Toscanini, mit dem er sich zerstritten hatte, gewohnheitsmäßig ein Paket abgegangen war. Kurz entschlossen sandte er dem Kuchen ein Telegramm nach: »Panettone aus Versehen abgesandt.« Worauf er postwendend ein Antwort-Telegramm erhielt: »Panettone aus Versehen aufgegessen.«

Während er an seiner ›Turandot‹ arbeitete, die er nicht mehr vollenden sollte, schrieb Puccini, wenige Monate vor seinem Tod, an einen Freund:

»Ich bin vor so vielen Jahren geboren – ach, allzu vielen, fast einem Jahrhundert –, und der allmächtige Gott berührte mich mit seinem kleinen Finger und sprach: ›Schreib für das Theater – denk daran, nur fürs Theater!‹ Und ich habe dem höchsten Gebot gehorcht ...«

Kapitel V
Aus der k. k. Hofopernzeit
Von Herbeck bis Gregor

> »In Österreich ist alles möglich.«
> *Franz von Dingelstedt,*
> *der erste Direktor der Hofoper am Ring*

Die Geschichte der k. k. Hofoper in Wien ist weit älter als das Haus am Ring. Sie reicht bis in die Biedermeierzeit zurück, als 1810, nach der endgültigen Trennung der Kompetenzen zwischen Burgtheater und Oper, sich das Musiktheater unter einem Fürsten Lobkowitz im Theater am Kärntnertor etablierte, einem unbequemen, feuergefährlichen, aber urgemütlichen Kasten, der eingeklemmt war »zwischen einer der engsten Straßen Wiens und der südlichen Bastei«. Das war das Opernparadies Alt-Wiens. Hier sang das große Viergestirn Anna Milder-Hauptmann, die erste Leonore, Wilhelmine Schröder, Webers beste Agathe, sowie Henriette Sontag und Caroline Unger, Beethovens »schöne Hexen«, die die weiblichen Solopartien der ›Neunten‹ kreierten. Hier sangen der Schubertinterpret Michael Vogl und Rossinis Gattin, die berühmte Colbran. Hier hörte Schubert die Uraufführung seiner ›Zwillingsbrüder‹, hier erlebte Weber die Premiere seiner für Wien geschriebenen ›Euryanthe‹, hier feierte Rossini Triumphe, hier erlebte noch Richard Wagner die erste Aufführung seines ›Lohengrin‹.

Als man das Kärntnertortheater demolierte, wurden die Wiener ungemütlich. Ihr Groll entlud sich auf die beiden Erbauer des neuen Opernhauses am Ring. Die Presse schrieb von einem »Königgrätz der Baukunst«, die Witzbolde aber spotteten:

> »Der Siccardsburg und van der Nüll,
> Die haben beide keinen Styl,
> Griechisch, Gotisch, Renaissance,
> Das ist ihnen alles ans.«

Van der Nüll versuchte, sich zuerst mit seinem Handtuch zu erhängen, dann schoß er sich eine Kugel durch den Kopf. Siccardsburg traf zwei Monate später der Schlag.

Franz von Dingelstedt, der erste Direktor des neuen Hauses, inszenierte und arrangierte souverän und herablassend die Eröffnungsfeierlichkeiten, die am 25. Mai 1869 mit einer Galapremiere von Mozarts ›Don Juan‹ in Gegenwart Kaiser Franz Josephs einsetzten. Dann zog er sich wieder zurück ins Burgtheater, woher er gekommen war, und hinterließ seinem Nachfolger das ironische Bonmot:

»Das Konzert ist ein überflüssiges, die Oper wenigstens ein notwendiges Übel.«

Johann Herbeck, der nach Dingelstedt fünf Jahre lang die Geschicke der neuen Hofoper lenkte – und gegen ein Gebirge von Widerständen die Wiener Erstaufführung der ›Meistersinger‹ durchsetzte –, wurde einmal von einem Mitglied des Wiener Börsenadels zu einer Soirée eingeladen, und zwar ohne seine Gattin. Daraufhin schrieb Herbeck an die Frau des Finanzaristokraten:

»Meiner Frau Unwohlsein verhindert uns leider, Ihrer Hochwohlgeboren Einladung nachzukommen ...«

Eines Tages fand Herbeck folgendes Schreiben von Kinderhand auf seinem Direktionsschreibtisch:

»Sehr geehrter Herr Direktor! Wollen Sie nicht die Güte haben, wieder einmal ›Wilhelm Tell‹ aufführen zu lassen? Meine Eltern haben es mir und meinem kleinen Bruder als Belohnung versprochen, uns diese Oper besuchen zu lassen. Nun warte ich schon vergebens viele Wochen ...«

Hans Rokitansky, der machtvolle Bassist der Jauner-Zeit in der Wiener Hofoper, der erste Hagen und Pogner der Kaiserstadt, war der Sohn des weltberühmten Arztes und Begründers der jüngeren Wiener Medizinischen Schule Karl Rokitansky. Josef Hellmesberger, der pointengewaltige Konzertmeister des Hofopernorchesters, formulierte den Unterschied zwischen Vater und Sohn kurz so: »Der eine heilt – der andere heult.«

In den glanzvollen Ringstraßen-Jahren der Hofoper, da dort die beiden blonden Riesen Wilhelm Jahn und Hans Richter in patriarchalischer Meisterschaft am Pult walteten, wurde ein junger Dirigent ans Haus verpflichtet, der seine erste Wiener Premiere glücklich über die Runden brachte. Im Hochgefühl vollbrachter Leistung apostrophierte er Hans Richter: »Nun, verehrter Herr Kollege, was sagen Sie, hat das Orchester nicht wundervoll gespielt?«

»Na hören Sie, mein Guter«, war die Antwort, »das Orchester, das ich zwanzig Jahre dirigiert hab', können Sie doch nicht in sechs Wochen ruinieren!«

Karl Goldmark hatte eben in der Wiener Hofoper die fünfzigste Aufführung seiner Oper ›Die Königin von Saba‹ gefeiert, war stürmisch bejubelt worden, und nun saß er im Nachtschnellzug erster Klasse und fuhr heim nach Budapest. Ihm gegenüber saß als einziger Mitfahrgast eine hübsche junge Dame und las eifrig in einem Buch. Goldmark, noch beschwingt von seinem Erfolg, hatte das Bedürfnis sich auszusprechen, erhob sich und stellte sich vor: »Erlauben Sie, Gnädigste, Goldmark, ich bin der Komponist der ›Königin von Saba‹.«

Die Dame sah auf und erwiderte zart lächelnd: »Sehr angenehm, ich bin die Vorleserin der Erzherzogin Stephanie.«

Nach einer andern Version soll die junge Dame gesagt haben: »Ach, das ist sicher eine sehr gute Stellung!«

Die in Wien geborene Sängerin Pauline Lucca, eine Urbegabung, ebenso liebreizend und heißblütig wie leger, wurde bereits mit zwanzig Jahren der Stern der Berliner Oper. Ihre blutvolle Carmen, ihr widerspenstiges Käthchen in der Oper von Götz, zählten zu den Spitzenleistungen der Ringstraßenherrlichkeit in der Wiener Hofoper. Ihr Temperament war ebenso köstlich wie ihr ungeniertes Wiener Vorstadtgöscherl.

Als sie in Berlin die Glucksche ›Iphigenie‹ singen sollte, wurde sie gefragt: »Kennen Sie denn die Mythe?«

Worauf sie prompt erwiderte: »Aber gengans, um die Mieten kümmer' i mi 's ganze Jahr net. Die zahlt der Vater!«

Franz Pacal, Tenor der Wiener Hofoper um die Jahrhundertwende, in Böhmens Hain und Flur geboren, war das, was man einen »Notnagel« nennt. Er selbst war immer nur in kleinen Partien eingesetzt, mußte aber – für unvorhergesehene Notfälle – die großen mitstudieren: »Firs Notenarchiv«, wie er zu sagen pflegte.

Nun geschah es einmal, daß sein Kollege, der gefeierte lyrische Tenor Franz Naval, der in einer Aufführung von Tschaikowskijs Einakter ›Jolanthe‹ die männliche Hauptrolle sang, plötzlich stockheiser wurde. Verzweifelt raunte er Pascal, der neben ihm eine winzige Rolle verkörperte, zu: »Ich kann nicht mehr. Bitte, sing du für mich weiter!«

Dieser zischte in unverfälschtem Kucheldeutsch zurück: »Einen Dreck ... du hast hoche Gasch ... ich friß ganzes Jahr Erdäpfelplatzki ... ich pfeif dir was!«

Aber ehe der bleich gewordene Naval sich noch fassen konnte, hatte der Notnagel schon das Heft in die Hand genommen und sang den Part des Kollegen schwungvoll zu Ende.

Als der blutjunge Anfänger aus Brünn, Leo Slezak, am k. k. Hofoperntheater in Wien zum Probesingen antrat – »mit schlotternden Knien«, wie er versicherte –, da saß der berühmte Dirigent Hans Richter am Dirigentenpult, standen die damaligen Stars des Hauses, Theodor Reichmann, Hermann Winkelmann, Grengg usw. kritisch zuhörend in den Kulissen. Der Prüfling wählte die Begrüßungsarie des Lohengrin: »Heil König Heinrich ...!«, aber noch ehe er begann, schrie eine Stimme aus dem finstern Parkett: »Sie, ich mache Sie darauf aufmerksam, wenn Sie mir schleppen, jage ich Sie zum Teufel!«

Es war Direktor Gustav Mahler, der ihn so liebevoll ermunterte.

Theodor Reichmann, der noble Bariton und prachtvolle Hans-Sachs-Darsteller der Wiener Hofoper vor der Jahrhundertwende, eine durchaus adelige Erscheinung, hatte die Gewohnheit, den Jubel der Zuhörer mit ausgebreiteten Armen zu quittieren. Das reizte seinen Kollegen, den Walter Stolzing Leo Slezak, und er verschwor sich hinter den Kulissen einer ›Meistersinger‹-Aufführung mit dem Beckmesser. Nach dem Aktschluß nahmen sie den Hans Sachs in die Mitte, hielten ihn vor dem Vorhang fest an der Hand und ließen ihn nicht mehr los.

Da wurde Reichmann wütend: »So laß doch aus – mit deinen Schlosserpratzen!« knurrte er Slezak an. Dieser wandte sich brüsk um und lief, scheinbar tief gekränkt, in seine Garderobe. Bestürzt eilte ihm Reichmann nach: »Aber lieber Leo, ich hab's doch nicht bös gemeint. Schau, in meiner Jugend hab' ich ja auch müssen Zigarren verkaufen und das Lokal zusammenkehren ...«

In der guten alten Zeit der k. k. Hofoper am Ring, als der Direktionsdiener noch im Frack mit Zelluloid-Hemdbrust und schwarzer Masche amtierte und die Visitenkarten der Besucher dem Chef auf einem silbernen Tablett und mit der würdevollen Bemerkung im perfekten Amtsdeutsch: »Herr X. bittet seine Vorsprechung machen zu dürfen« feierlich zu überreichen pflegte, hatte auch jedes prominente Solomitglied des Hauses seinen eigenen Garderobier, der meist aus böhmischen Gefilden stammte und seinem Herrn mit Leib und Seele ergeben war. Die populärsten unter ihnen waren Powolny, das devote Faktotum Theodor Reichmanns, und Leo Slezaks Garderobier Franz Schweiner, der trotz seines Namens gleichfalls an der Moldau geboren war.

Reichmann liebte es, sich vor der Vorstellung in seiner Garderobe einzusingen, dazu befahl er seinem Diener: »Powolny, geh ins Stimmzimmer und hol mir ein A!«

Powolny flitzte ins Stimmzimmer, schlug am Klavier ein A an, sang es nach und lief, immer das A vor sich her singend, über den Korridor zurück zu Reichmann.

Begegnete ihm sein Kollege Schweiner: »Mauzda, Powolny! Was ise mit dir? Bist bleed wurn?!«

Aber dieser ließ sich nicht irritieren, sondern hielt wacker an seinem Ton fest. Da rempelte ihn Schweiner an. Powolny verschlug es die Stimme, dann stellte er ergrimmt fest: »Satrazene, jetzt hab' i 's A von mein Herrl verlurn!«

Powolny vergötterte Reichmann. Mit feuchten Augen verfolgte er dessen Bühnentriumphe hinter der Kulisse. Als Reichmann einmal in der ›Walküre‹ nach einem fulminanten Wotans-Abschied von den Brettern kam, raunte ihm Powolny erregt zu: »Also, gnä' Herr, alles neben Ihnen is a Dreck ... also bitte, Sie san's a Kinstla! Den Feuerwehrzauber singt Ihna kana nach.«

Vor einer ›Fidelio‹-Aufführung in der Hofoper hatte sich Slezak, der den Florestan sang, eben mit viel Mühe zurechtgeschminkt – bleiche Wangen, tiefe Schatten unter den Augen und so weiter –, um der Textstelle: »Der kaum noch lebt und wie ein Schatten schwebt ...« gerecht zu werden. Da erschien Schweiner in der Garderobe.

»Franz«, fragte Slezak und stellte sich in Positur, »wie schau' ich aus?«

»Ausg'fressen, Herr Kammersänger!« war die Antwort.

Eines Tages brachte Slezak eine neue Flasche Kölnischwasser in die Garderobe und übergab sie Franz mit der spaßhaften Warnung: »Aber daß du mir nicht die Hälfte stiehlst und Wasser nachfüllst!«

Prompt erwiderte Franz: »Dos geht nit, bitte; ich hab' das

schon nämlich probiert beim Herrn von Van Dyk, aber da is es weiß 'worden, so wie a Millich, bitte – nämlich!«

Der Direktor der königlichen Oper in Budapest lud einmal Leo Slezak zu einem Gastspiel ein und drahtete ihm folgendes Angebot:
    »Hundert stop tausend Grüße.«
    Worauf Slezak zurücktelegrafierte:
    »Tausend stop hundert Grüße.«
    Man fand sich in der Mitte.

Leo Slezak und Erik Schmedes, die beiden Heldentenöre, waren die großen Rivalen der Gustav-Mahler-Zeit. Kam Slezak in der Pause nach dem 1. Aufzug der ›Walküre‹ zu seinem Kollegen, der den Sigmund gesungen hatte, in die Garderobe und klopfte ihm auf die Schulter: »Also, ich waiß nicht, was die Leite wollen. Mir hast du gefallen!«

Einmal rief Slezak seinen Rivalen mitten in der Nacht an: »Hallo, Herr Kammersänger, hier ein großer Verehrer von Ihnen. Singen Sie, bitte, den nächsten Lohengrin?«
    Schmedes rieb sich den Schlaf aus den Augen und versicherte geschmeichelt: »Ja, natürlich.«
    Darauf die Stimme im Telephon: »Dann warte ich bis zum übernächsten Mal, bis ihn der Slezak singt. Gute Nacht!«

Erik Schmedes' Tochter Dagmar charakterisierte einmal die beiden Rivalen folgendermaßen: »Slezak ist nur ein Sänger, mein Vater ist ein Künstler!«
    Als Slezak der Ausspruch zu Ohren kam, bemerkte er lakonisch: »Wenn der Schmedes das hohe C hätt', dann wär' er auch lieber ein Sänger.«

Gustav Mahler forderte auch auf den Proben von den Sängern äußerste Konzentration. Daher waren ihm Slezaks Witze ein Dorn im Auge. Als es der wieder einmal zu toll trieb, wies er ihn scharf zurecht: »Das ist unmöglich, Herr Slezak, Sie müssen doch den Ernst der Situation erfassen!«
    Bei der nächsten Probe – es war eine Bühnensitzprobe mit Orchester – ließ Slezak auf sich warten. Das Ensemble war bereits auf der Bühne versammelt, Mahler betrat eben den Orchesterraum, da erschien Slezak: im schwarzen Gehrock, mit

schwarzer Krawatte, schwarzen Handschuhen, schwarzem Regenschirm und schwarzer Melone – wie zu einem Leichenbegängnis. Mit dem »Ernst der Situation« war es wieder vorbei.

Bei einer Probe in der Wiener Hofoper hatte eine Sopranistin, offenbar indisponiert, mit heftigen Intonationsschwierigkeiten zu kämpfen. Gustav Mahler, der am Dirigentenpult saß, hörte sich das eine Weile an, dann klopfte er ab, musterte die Sängerin scharf durch die Brille, verbeugte sich mit sarkastischer Höflichkeit und bat: »Gnädigste, würden Sie die Güte haben, uns Ihr A anzugeben!«

Während einer ›Zauberflöte‹-Aufführung unter Gustav Mahler in der Wiener Hofoper fing infolge eines Kurzschlusses der Wolkenwagen, der mit den drei Knaben durch die Luft flog, Feuer. Und zwar gerade in jener großen Flötenszene Taminos, die Leo Slezak, zum großen Ärger Mahlers, regelmäßig verpatzte.

Slezak, der wieder den Tamino sang, merkte das Unheil und wußte in demselben Augenblick: Um Gottes willen, nur weitersingen, sonst gibt es eine Panik!

Als jemand im Parterre plötzlich »Feuer!« rief, schrie er aus Leibeskräften von der Bühne: »Sitzen bleiben, es ist alles schon vorbei!«

Auch Gustav Mahler wandte sich zum Publikum, rief »Sitzen bleiben!« und dirigierte weiter.

Das Feuer wurde gelöscht, das Publikum beruhigte sich, die Vorstellung ging glimpflich zu Ende.

Nachher kam Mahler mit hastigen Sprüngen auf die Bühne. Als er Slezak sah, rief er: »Wissen Sie, daß Sie heute zum erstenmal die Szene getroffen haben?« Und zu den Umstehenden gewendet: »Das Theater muß erst brennen, wenn der Slezak richtig singen soll!«

Einmal gastierte Erik Schmedes in der Titelrolle von Kienzls ›Evangelimann‹ in Brünn. Da er am andern Vormittag Probe an der Wiener Hofoper hatte, mußte er nach der Aufführung unbedingt den Nachtschnellzug um halb elf Uhr erreichen. Aber er hatte nicht mit dem Dirigenten gerechnet, der endlos schleppte. Es war viertel elf, als sich Schmedes, beifallumrauscht, das letztemal vor dem Vorhang verbeugte. Zum Umkleiden und Abschminken blieb keine Zeit. Schmedes raffte seine Sachen zusammen, warf sich in ein Taxi und erreichte gerade noch den eben abfahrenden Zug. Als er so – im Armeleutekostüm und mit Bettlermähne, aber funkelnagelneuem Schweinslederkoffer – über den Perron hetzte, erspähte ihn das wachsame Auge des Gesetzes: »Haltet den Dieb!« schrie der Wackere und warf sich dem Flüchtigen entgegen. Der aber stieß ihn rauh zur Seite, sprang auf den fahrenden Zug und entschwand seinen Blicken. Als in der nächsten Station drei Gendarmen mit Handschellen erschienen, fanden sie zwar den funkelnden Schweinslederkoffer, aber der Bettler und Dieb war verschwunden. An seiner Stelle präsentierte sich ihnen Herr Kammersänger Schmedes von der Wiener Hofoper. Die Probe war gerettet.

Gustav Mahlers besondere Lieblinge unter den weiblichen Mitgliedern des Ensembles waren Selma Kurz, Lucie Weidt, die Bahr-Mildenburg und die Gutheil-Schoder.

Das faßte ein Musiker des Hofopernorchesters in folgenden Satz: »Amol is er kurzsichtig, amol weidtsichtig, und schaut er auf die Mildenburg, dann fallt er über'n Schoder (Schotter[haufen]).«

Selma Kurz, die Primadonna mit der lerchenhaften Koloratur, eine der Säulen des legendären Mahler-Ensembles der Wiener Hofoper, gab einmal einen Lieder- und Arienabend im Konzerthaus. An der Abendkasse erschien ein bescheiden gekleidetes Männlein und wollte eine Eintrittskarte.

»Es gibt nur noch Karten zu 2 Kronen«, erklärte ihm die Dame an der Kasse.

»Zwei Kronen?« wunderte sich der Mann. »Aber ich wollte sie doch nur hören!«

Theaterleute sind abergläubisch, und Selma Kurz machte keine Ausnahme. Ein Rauchfangkehrer bedeutete für sie den Inbegriff eines guten Omens. Als sie nach längerer Krankheit wieder zum erstenmal auftrat, war sie begreiflicherweise besonders nervös. Um ihr über die Runde zu helfen, hatte man in der Regiekanzlei einen Rauchfangkehrer engagiert, der »zufällig« ihren Weg zu kreuzen hatte. Alles klappte nach Wunsch. Als Selma Kurz das Haus betrat, stieß sie auf den Rauchfangkehrer, strahlte vor Freude, zückte ihr Portemonnaie und drückte dem schwarzen Glücksmann einen Geldschein in die Hand.

Der nahm das Geld an sich und dankte strahlend: »Aber, gnä'

Frau, wär wirklich net notwendig g'wesen. Der Herr Direktor hat mi ja eh scho' zahlt!«

Direktor Mahler war auch in puncto Urlaubsansuchen unerbittlich. Gastspiele seiner Ensemblemitglieder lehnte er strikte ab. Als ihn die einflußreiche Fürstin Pauline Metternich, die fast ein Wahrzeichen des Ringstraßenwien war, einmal bat, Erik Schmedes für ein Konzert bei der Pariser Weltausstellung freizugeben, erwiderte er: »Und wenn zehn Fürstinnen zu mir kommen, ich gebe keinen Urlaub!«

Schmedes schäumte natürlich, als er davon hörte, und machte seinem Grimm ausgiebig Luft. Da nahm ihn Mahler nach einer Bühnenprobe beiseite und erklärte ihm: »Herr Schmedes, ich höre, daß Sie überall über mich herumschimpfen. Wenn Sie glauben, daß ich Sie deshalb weniger beschäftigen werde, so irren Sie sich!« Sprach's und ließ den verdutzten Sänger stehen.

Richard Mayr, der berühmte Bassist, war, bevor ihn Gustav Mahler entdeckte und engagierte, Medizinstudent und liebte schon damals einen guten Tropfen. Als er sein Probesingen vor Gustav Mahler glänzend bestanden hatte, fragte ihn daher der Direktor streng: »Ich höre, daß Sie gerne trinken?«

Worauf ihn Mayr auf gut Salzburgisch beruhigte: »Na, des war amol. Jetzt trink' i net mehr, als i vertrag!«

Trotzdem berichtete später ein Kritiker über die Oper ›Das Versprechen hinterm Herd‹, in der Mayr einen Bauern sang, der einen Topf Milch austrinken muß:

»In dieser Oper kommen sehr lustige Dinge vor, zum Beispiel Richard Mayr als Milchtrinker ...«

Lobhudeleien und schmalzige Tiraden waren Richard Mayr in der Seele zuwider. Als ihn daher nach einer ›Tristan‹-Vorstellung – Mayr hatte einen wundervollen König Marke gesungen – ein aufdringlicher Kunstjünger mit den Worten apostrophierte: »Welcher Abglanz von Menschentum strömt in Ihrem Gesang! Sie müssen eine tiefe Lebensauffassung haben!«, da knurrte Mayr grimmig: »Ja, die können S' beim Goethe im ›Götz‹ nachlesen!«

Man gab in der Wiener Hofoper Rossinis ›Wilhelm Tell‹. Arnold von Melchthal (Slezak) und Walter Fürst (Richard Mayr) stapften durch den düsteren Wald zum Rütli-Schwur. In der Finsternis stolperte Slezak und fiel der Länge nach hin auf seine Hände.

Da brummte Richard Mayr: »Leo, was machst, tuast Schwammerln suachen?«

Der berühmte Tenor Karl Burrian, Richard Strauss' erster Herodes (in der Dresdner ›Salome‹-Uraufführung von 1905) und vielgefeierter Tristan, gastierte während der Mahler-Zeit an der Wiener Hofoper. Nach der ersten Vorstellung nahm Richard Mayr den Gast auf Ersuchen Mahlers »unter seine Fittiche«. Es kam zu einer ausgedehnten feucht-fröhlichen Sitzung.

Am andern Tag war für den Gast eine ›Tristan‹-Probe angesetzt. Mayr, der den Marke sang, fand sich pünktlich ein, aber Burrian blieb aus und war auch telephonisch nirgends zu finden. Gereizt wandte sich der Direktor an Richard Mayr: »Wissen Sie vielleicht, wo Herr Burrian steckt!?«

»A ja, Herr Direktor«, erwiderte Mayr gemütlich, »der is mit der gestrigen Nacht no net fertig!«

Erich Wolfgang Korngold, der Schöpfer der Oper ›Die tote Stadt‹, mit der die Jeritza in Wien Triumphe und an der Met ihr Debüt feierte, begann als musikalisches Wunderkind. Zehnjährig schrieb er seine erste Oper ›Gold‹. Sein Vater Julius Korngold, allmächtiger Wiener Kritiker und leidenschaftlicher Parteigänger des vielumkämpften Operndirektors Gustav Mahler, nahm den Klavierauszug und präsentierte ihn dem Direktor: »Hier haben Sie die Oper eines Zehnjährigen.«

Mahler blätterte in den Noten, schüttelte den Kopf und meinte: »Ausgeschlossen, da hat man Ihnen einen Bären aufgebunden!«

Daraufhin stand der alte Korngold auf, öffnete die Tür und rief ins Vorzimmer: »Erich, komm herein und setz dich ans Klavier!«

Nach fünf Minuten wußte Mahler Bescheid.

Schmedes war ein leidenschaftlicher Sportler. Das war Direktor Mahler ein Dorn im Auge. Erst verbot er ihm das Radfahren, dann, als Schmedes sich ein Reitpferd zugelegt hatte, das Reiten und schließlich, nachdem der Unentwegte auf ein Benzinroß umgestiegen war, das Motorradfahren. 1907 schied Mahler aus seinem Amt. Schmedes absolvierte sein erstes Amerikagastspiel und erwarb sich ein Auto.

Als Mahler davon erfuhr, soll er sich zu seiner Gattin Alma geäußert haben: »Dieser Schmedes! Nie wird er Geld haben!

Statt zu sparen, kauft er sich einen Wagen. Man sieht, ich bin nicht mehr sein Direktor!«

Als Gustav Mahler das Direktionszimmer der Wiener Hofoper für immer verließ, fand der Diener, der den Schreibtisch entleerte, in einer Schublade noch alle Orden des Direktors. Er nahm sie respektvoll an sich und wollte sie Mahler einhändigen. Aber der winkte nur kurz ab und bestimmte: »Die sind für meinen Nachfolger!«

Korngolds erstes Bühnenwerk, das auf die Bretter der Hofoper kam, das Ballett ›Der Schneemann‹, wurde nicht mehr von Mahler, sondern von seinem Nachfolger Felix Weingartner angenommen, den die »Mahlerclique« (wie sie sich selbst benannte) erbittert verfolgte.

Als der alte Korngold von der Annahme des Balletts erfuhr, ging er zu Weingartner und ersuchte den Direktor, von der Aufführung Abstand zu nehmen, um ihn, den Kritiker (und schärfsten Gegner Weingartners), nicht in ein schiefes Licht zu bringen.

Die Aufführung fand trotzdem statt. Der 13jährige Komponist saß am Dirigentenpult der Hofoper.

Ein Jahr später schrieb der Knabe Korngold, aufgestachelt von den ehrgeizigen Eltern, sein erstes Streichquartett. Kein Geringerer als Bruno Walter leitete die erste Probe.

Meinte der alte Korngold: »Das Tempo ist zu schnell!«
Meinte die Mutter: »Im Gegenteil, das Tempo ist zu langsam!«
Meinte der Knabe bescheiden: »Das Tempo ist richtig.«
Riefen die Eltern: »Du schweig!«

In der Wiener Hofoper gastierte ein junger Dirigent auf Probe, der die Aufführung mehr schlecht als recht über die Runden brachte. Am andern Vormittag fragte ein Philharmoniker, der dienstfrei gehabt hatte, seinen Kollegen Ruzitska: »Na, wie war er denn?«

»Also«, berichtete Ruzitska im Akzent seiner böhmischen Heimat, »zuerst ise alles gut gegangen, mir hab'n alle brav in die Noten g'schaut. Auf amal fallt dem Rosé ein, daß er den Dirigenten anschaut. Bums, war ma alle draußen, und das Tohuwabohu war fertig!«

Ein zweitklassiger Sänger wollte bei einem Bankett die Gelegenheit benützen, um mit Hofoperndirektor Felix von Weingartner »ins Gespräch« zu kommen. Er verfolgte den Gesuchten, stellte sich ihm in den Weg und begrüßte ihn mit den Worten: »Ich wette, Herr Direktor, Sie kennen mich nicht mehr!«

»Sie haben die Wette gewonnen«, antwortete Weingartner und ließ den Verdutzten stehen.

Der Solotänzer Toni Birkmeyer kam 1912 als 15jähriger Eleve an die Wiener Hofoper, wo ihn noch Altmeister Josef Haßreiter, der eigentliche Vater der klassischen Wiener Ballettschule, mit der ersten Solonummer betraute. In Paul von Klenaus Ballett ›Die Prinzessin von Tragant‹ durfte Birkmeyer einen Zinnsoldaten tanzen. Dabei gab es eine schwierige Figur. Am Schluß seiner Polka hatte der Zinnsoldat seine Partnerin hochzuheben, sie auf den Brustschild zu setzen und so nach vorne an die Rampe zu tragen. Das klappte bei der Probe bestens. Bei der Aufführung aber ging dem jungen Eleven das Temperament durch: er stürmte so leidenschaftlich vor, daß er plötzlich mit den Füßen in den Soffitten stand. Zurück konnte er nicht mehr, denn hinter ihm stand das zweite Polkapaar. Also setzte er sanft seine Partnerin zwischen zwei Baßgeigen ins Orchester ab. Die Kleine aber, ein unerschrockenes Persönchen, lief quer durch das Orchester wieder auf die Bühne und kam gerade noch zum Finale zurecht.

Als der junge Sünder nach der Aufführung dem Ballettchef in den Weg lief, erwartete er sich ein Donnerwetter. Aber Meister Haßreiter, damals schon ein betagter Herr, gab ihm nur ein zärtliches Kopfstück und meinte gemütlich: »Gut is' gangen, nix is' g'scheh'n, du Lauser!«

Als Lotte Lehmann, die Neuengagierte, zum ersten Mal Direktor Hans Gregor, der gleichfalls aus dem Norden stammte, in seinem Büro in der Wiener Hofoper aufsuchte, noch mit einem schweren, heimwehkranken Herzen, da tröstete sie der Direktor: »Passen Sie auf: Sie werden sich noch rettungslos in Wien verlieben. Das ist so, als ob man in ein Bad stiege, das ein bißchen zu heiß geraten ist. Erst ist es unangenehm, man möchte wieder hinaus. Dann fängt es an, einem behaglich zu werden, und allmählich wird man so ein bißchen benebelt und träumt vor sich hin und fühlt sich faul und schläfrig und findet es sehr nett ... Und dann ist man schon ein Wiener geworden ...«

Bei einem seiner Gastspiele in Graz teilte Leo Slezak seine Garderobe mit Alexander Girardi. Slezak sang abends den Radames in Verdis ›Aida‹, Girardi spielte am Nachmittag den Valentin im ›Verschwender‹. Als der Mime das mit Goldblech und falschen Edelsteinen gepanzerte Prunkkostüm des Radames am Haken hängen sah, besah er es nachdenklich von allen Seiten und meinte dann zu Slezak: »Alsdann, da kann ma leicht wirken, wenn ma so an goldenen Sparherd anziehen kann.«

An einem freien Abend besuchte Girardi im Grazer Opernhaus die ›Othello‹-Vorstellung, in der Slezak die Titelrolle sang. Nach der Aufführung stand der Tenor im Gespräch mit Kollegen, unter denen sich auch ein bekannter Komiker befand, in den Opernarkaden. Da trat Girardi auf ihn zu, klopfte ihm auf die Schulter und sagte: »Also, Leo, erstklassiger Stimmkünstler, du bist die anzige Konkurrenz für mi. Die andern Komiker haben alle kan Humor!«

Als der seinerzeitige Generalintendant der k. k. Hoftheater, Freiherr von Plappart, bei einer offiziellen Feier im Grazer Opernhaus mit seinen sämtlichen Orden an der Brust und um den Hals eine Rede hielt, stieß Alexander Girardi seinen Nachbarn Slezak mit dem Ellbogen an: »Hörst, Leo, i fürcht' mi so!«
»Ja, warum denn, Xandi?«
»Daß der Baron das Überg'wicht kriegt von derer vielen Spenglerarbeit!«

Oskar Nedbal, Komponist der erfolgreichen Operette ›Polenblut‹, Schüler von Dvořák, nach der Jahrhundertwende Dirigent der Wiener Tonkünstler und gelegentlich auch an der Wiener Volksoper, kam mit seinem Ballett ›Der faule Hans‹ auf die Bretter der Hofoper.
Bei der ersten Orchesterprobe saß er im Parkett und konnte sich vor Rührung kaum fassen.
»Is die scheene Musik wirklich von mir?« stammelte er ergriffen.
Da tröstete ihn der Bratschist Ruzitska: »Na, alles net, Herr Kapellmeister.«

> »Jedes Theater ist ein Narrenhaus, aber die
> Oper ist die Abteilung für Unheilbare.«
> *Franz Schalk*

Mit dem Zusammenbruch der österreichisch-ungarischen Mon-
archie endete auch die Geschichte der k. k. Hofoper. Am 4.
Dezember 1918 wurde das Haus am Ring in »Staatsoper« umge-
tauft. Baron Leopold von Andrian, der letzte kaiserliche Intendant, setzte noch rasch eine Tat. Er kündigte Direktor Hans
Gregor und berief als dessen Nachfolger das Duumvirat Richard
Strauss und Franz Schalk. Auf den Nur-Manager und Nichtmu-
siker Gregor folgten zwei Nur-Musiker, zwei Nicht-Manager.
Es wurde trotzdem eine große Opernzeit.

Als es ruchbar wurde, daß Richard Strauss die Direktion der
Wiener Oper übernehmen wolle, warnte man ihn in Berlin:
»Aber, Herr Doktor, wie können Sie denn nach Wien gehen, wo
die Leute so falsch sind!?«
    Aber Strauss beruhigte den Mann: »Schaun S', die Leut' san
überall falsch. Aber in Wien san s' halt so angenehm falsch.«

Natürlich gab es in Wien einen Aufstand, als die Berufung von
Richard Strauss ruchbar wurde. Die Presse erhob sich wie ein
Mann, lief Amok gegen den komponierenden Direktor, empörte
sich gegen die phantastische Jahresgage von 80 000 Kronen
und malte den Alptraum eines unvermeidlichen »Ri-
chard-Strauss-Theaters« mit grellsten Farben an die Wand. Das
Opernensemble ließ sich ins Schlepptau nehmen und übergab
Schalk eine »einmütige« Resolution (nur Selma Kurz und Maria
Jeritza hatten nicht unterschrieben), in der kurzerhand die Til-
gung des Vertrages mit Strauss gefordert wurde. Aber der Sturm
im Wasserglas legte sich wieder. Schalk erklärte in der Presse:
    »Ich bin für Strauss . . . Gäbe es noch mehr Sträusse, sie müßten
alle herbeigeschafft werden!«
    Strauss kam, dirigierte und siegte und – prägte, frei nach Goe-
thes ›Faust‹, jenes Bonmot, das – den späteren Konflikt bereits
vorausahnend – bald zu einem geflügelten Wort in Wien wurde:

»Von allen Geistern, die verneinen, ist mir der Schalk am wenigsten zur Last.«

Zwei Monate bevor Strauss sein Amt antrat, brachte Schalk die ›Frau ohne Schatten‹ des designierten Co-Direktors zur glanzvollen Uraufführung mit der Jeritza, mit Lotte Lehmann und Richard Mayr in den tragenden Partien. Nach einiger Zeit mußte die Rolle der Amme neubesetzt werden, weshalb Schalk wieder eine Probe ansetzte.

Die Sängerin war der anstrengenden und aufwendigen Partie stimmlich nicht ganz gewachsen. Immer wieder wurde ihr Gesang vom aufrauschenden Orchester zugedeckt.

Da trat Strauss, der zugegen war, hinter Schalk ans Dirigentenpult und raunte ihm zu: »Hören Sie etwas von der Amme? Ich nicht!«

Schalk wandte sich um und raunte zurück: »Ich auch nicht! Aber die Ammen sind ja seit jeher nur im Stillen groß!«

Im selben Jahr, als in der Wiener Staatsoper während der Doppeldirektion Strauss-Schalk Korngolds Opernschlager ›Die tote Stadt‹ mit der faszinierenden Jeritza in der Hauptrolle Triumphe feierte, wurde Schalk von oben her genötigt, auch Julius Bittners ›Kohlhaymerin‹ herauszubringen, von deren Güte er keineswegs überzeugt war. Zu einer der ersten Bühnenproben fand sich der von beiden Direktoren mit seltener Einmütigkeit engagierte Bariton Alfred Jerger im Zuschauerraum ein, um ein wenig zu kiebitzen. Da saß plötzlich Schalk neben ihm und raunte ihm zu: »Wissen Sie, was die dort oben spielen?«

»???«

»Die tote Vorstadt.«

Neueinstudierung von Wagners ›Lohengrin‹ in der Wiener Staatsoper unter Richard Strauss. Die Sängerin der Elsa kann sich mit den frischen Tempi, die der Meister auch bei den lyrischen Stellen zu nehmen pflegt, nicht befreunden. Bei der Hauptprobe beginnt sie zu schleppen, daß die ganze Aufführung zu wackeln droht.

Strauss versucht eine Zeitlang auszugleichen, dann klopft er ab und ruft auf die Bühne: »Gnädigste, i bin kein routinierter Kapellmeister. I kann mich nicht zuwipassen. Sie müssen schon nach meinem Takt singen!«

Ein junger Komponist, der bei Staatsoperndirektor Richard Strauss einen Termin bekommen hatte, um seine eigene Oper vorzuführen, kam gleich mit zwei Opernpartituren angerückt. Kaum hatte er am Klavier ein Stück aus der ersten Oper zu Ende gespielt, unterbrach ihn Strauss und sagte: »Die zweite g'fallt mir besser!«

Der philharmonische Bratschist Anton Ruzitska war kein Freund fortschrittlicher Töne. Über die damals heftig diskutierten Opernwerke von Richard Strauss meinte er: »Des sans lauter Opern, die ma muß öfters hören. I muß s' zwar spielen, aber anhörn tu ich ma s' bestimmt nicht!«

1924 kreierte Toni Birkmeyer die Titelrolle in der denkwürdigen Wiener Erstaufführung der Staatsoper von Richard Strauss' ›Josefslegende‹, die alle Wünsche des Komponisten in idealer Weise erfüllte. Vor der ersten Kostümprobe begegnete Birkmeyer, vom Kostümbildner bereits mit weißseidener Toga und ebensolchem Stirnband geschmückt, hinter der Bühne Meister Alfred Roller, der die Ausstattung geschaffen hatte. Als der den halbseidenen Hirten sah, packte er ihn schweigend am Arm, zog ihn in die Requisitenkammer, ließ sich zwei Ziegenfelle kommen, band sie mit einem rohen Strick Josef um die Lenden, schnippte ihm mit dem Finger das kesse Stirnband vom Haupt und sagte bloß: »So, jetzt können Sie auf die Bühne und Ihrer Potiphar den Kopf verdrehen!«

So entstand das klassisch gewordene Josefskostüm, in dem Birkmeyer einen seiner größten Triumphe feierte. Nach der Premiere schrieb ihm Staatsoperndirektor Richard Strauss mit eigener Hand:

»Ich erinnere mich stets mit großer Freude Ihrer außerordentlichen Leistung als Josef und sende Ihnen meine besten Wünsche für Ihre Zukunft!«

Im Herbst 1924 legte Richard Strauss sein direktoriales Amt in der Staatsoper nieder. Man hatte sich auseinandergelebt. Die Temperamente der beiden Künstler, des vitalen Meisters und des feinnervigen Schalk, waren doch zu verschieden. Die heikle Kompetenzfrage wurde nie geklärt. Wieder stand ganz Wien kopf, wieder stieg die Presse auf die Barrikaden, diesmal – siehe da! – für den scheidenden Direktor. Ein Abendblatt veranstaltete sogar eine Art Volksabstimmung.

Strauss aber zog sich, »weder verärgert noch verbittert, sondern stets mit größter Freude der schönen Stunden gedenkend«, wie er in der Öffentlichkeit gemütlich versicherte, in sein neues Schlößl nächst dem Wiener Belvedere, dem Sommersitz des Prinzen Eugen, zurück, dessen kostbaren Baugrund er sich redlich erdirigierte.

Schalk blieb allein im Direktorenzimmer der Staatsoper, und er herrschte dort mit sicherer Würde. Als Alfred Roller, der große Bühnenbildner, einmal zu ihm kam und meinte, es wäre höchste Zeit, den ›Ring‹ zu erneuern, der alte sei schon zu verstaubt, erwiderte Schalk: »Lieber Hofrat, wenn unter der verstaubten Linde ein erstklassiker Siegfried liegt, dann ist der Baum immer noch wunderschön!«

Schalk hatte am unteren Rand seines Direktionsschreibtisches eine Klingeltaste, die dem Diener im Vorzimmer das Signal gab, daß der Direktor seinen Besucher loswerden wollte. Dann erschien der Diener und meldete: »Herr Direktor, die Probe beginnt!«

Nun drückte Schalk einmal während der erregten Aussprache mit einem wichtigen und prominenten Partner unwillkürlich und ohne es gewahr zu werden, die Taste. Der Diener erschien und meldete pflichtgemäß: »Herr Direktor, die Probe beginnt!«

Wütend fuhr ihn Schalk an: »Unsinn, was für eine Probe!? Sie phantasieren!«

Und als der Diener hartnäckig bei seiner Meldung verharrte: »Aber ja, Herr Direktor, die Probe beginnt!« und dabei noch mit den Augen zwinkerte, schrie Schalk: »Der Kerl ist verrückt! Raus! Ich will nicht gestört werden!!«

Da empörte sich der Stolz des Dieners: »Aber, Herr Direktor, Se ham ja die Aussaschmeiß-Glock'n g'läut'!«

In der Wiener Staatsoper war für den bevorstehenden Abend ›Fidelio‹ angesetzt. Kam der Leiter des künstlerischen Büros zu Schalk ins Direktionszimmer und teilte ihm mit, daß der Sänger des Florestan erkrankt sei.

»So, was fehlt ihm denn?« fragte der Direktor.

»Kopfgrippe«, war die Antwort.

Darauf Schalk: »Das kann ich mir bei einem Tenor gar nicht vorstellen!«

In Puccinis Oper ›Madame Butterfly‹ wird im 2. Akt bekanntlich ein blondgelockter Knabe benötigt, den die Titelheldin dem jovialen Konsul Sharpless präsentiert: als liebliche Frucht ihrer Hochzeitsnacht mit dem ungetreuen Linkerton.

Nun hatte man in der Wiener Staatsoper in einer von Schalk dirigierten Vorstellung in Ermangelung eines geeigneten Knaben für die stumme Rolle ein kleines Mädchen engagiert, das sich durch besondere Munterkeit auszeichnete. Als der freundliche Konsul die gesungene Frage an das Kind richtete: »Wie heißt du?«, überließ es die Antwort nicht, wie vorgesehen, seiner Bühnenmutti, sondern verkündete flink: »Mizzi!«

Der langjährige Solopaukist der Wiener Oper, Hans Schnellar, dessen klassische Paukenkonstruktionen Schule gemacht haben, war ein musikantisches Original. Bei längeren Opernaufführungen pflegte er ausgedehnte Pausen dazu zu benützen, um sich mit ein paar Happen zu stärken. Darin konnte ihn auch ein Franz Schalk am Pult nicht beirren. So geschah es während einer ›Meistersinger‹-Aufführung, daß Schnellar bei mehreren Takten Pause eine Semmel aus der Tasche zog und sie genießerisch auf die Pauke legte. Im selben Augenblick überkam ihn ein heftiger Niesreiz. Schnellar zog sein Taschentuch, um eine Explosion zu verhindern. Als dies gelungen war, war auch die Pause schon zu Ende. Gebieterisch gab ihm Schalk den Einsatz. Schnellar ergriff flugs seinen Schlegel und schlug mit Wucht auf die Pauke. Da sprang die Semmel in hohem Bogen durch die Luft und landete in der ersten Parkettreihe auf dem Schoß einer verblüfften jungen Dame.

Rosette Anday, die gefeierte Altistin der Wiener Staatsoper, begann als geigendes Wunderkind und Schülerin von Jenö Hubay in Budapest. Dort entdeckte man im Akademie-Schülerchor ihre Stimme. So kam sie als Stipendiatin an die Budapester Oper. Eines Tages gastierte hier die Wiener Staatsoper mit ›Walküre‹ und ›Götterdämmerung‹ unter Franz Schalk, wobei die kleineren Partien mit einheimischen Kräften besetzt wurden. So durfte die blutjunge Elevin neben der Jeritza eine der Walküren und eine Norne singen. Nach der Aufführung stand plötzlich Schalk vor ihr und sagte kurz: »Kommen Sie vorsingen!«

Rosette bewaffnete sich mit den Klavierauszügen von ›Samson und Dalila‹ und ›Carmen‹ und betrat das Probenzimmer. Schalk saß bereits am Klavier und neben ihm, in blendender Schönheit, die Jeritza. Die Elevin faßte ihr Herz mit beiden Händen und begann die große Arie der Dalila. Nach der ersten Strophe erhob sich Schalk: »Wollen Sie mitkommen? Ich engagiere Sie!«

Betäubt wankte Rosette Anday aus dem Zimmer. Draußen lauerten bereits die Kollegen: »Na, wie war's?«

»Nichts Besonderes«, antwortete Rosette herablassend, »ich bin halt engagiert worden . . .«

Geschrei, Jubel, Neid! »Du wirst sehen, die gehen fort und lassen nie mehr von sich hören!«

Zwei Wochen später sandte Schalk den Vertrag. Es war ein Vertrag auf sechs Jahre! Andays erste Rolle in Wien war – »zum Eingewöhnen« – der dritte Knabe in der ›Zauberflöte‹, ihre zweite bereits die Carmen. Korngold senior, der einflußreiche Kritiker, schrieb damals:

»Die Liebe, die von Zigeunern stammt, kennt dieses blutjunge Geschöpf wohl nur vom Hörensagen . . .«

Aber das fand sich mit der Zeit. Rosette Anday wurde eine der berühmtesten Carmen der Wiener Oper.

Neueinstudierung von Camille Saint-Saëns' ›Samson und Dalila‹ in der Wiener Staatsoper unter Franz Schalk. Mit Slezak als Samson und Rosette Anday als Dalila. Nach der Hauptprobe kommt die Jeritza in Dalilas Garderobe und stellt sachlich fest: »Mit diesem Kostüm, liebes Kind, werden Sie keinen Samson verführen!«

Sie nimmt die junge Kollegin mit in die Schneiderei und wählt für sie ein dekoratives, aber gewagtes Schleier-Kostüm aus, das Schalk bei der Generalprobe ersichtlich in die Augen sticht. In der Pause kommt er auf die Bühne und mißt die freigebige Dalila mit kritischem Blick: »Fräulein Anday, an Ihrer Stelle hätte ich mir mehr angezogen!«

Darauf Dalila schlagfertig: »Das glaub' ich Ihnen gerne, Herr Direktor!«

Einmal erbat Rosette Anday Urlaub von Direktor Schalk, um einem Gastspielangebot der Berliner Städtischen Oper nachkommen zu können, wo sie unter Bruno Walter mehrere Abende singen sollte. Am letzten Abend den Gluckschen Orpheus mit Maria Müller als Eurydike. Darauf wollte die Anday auf keinen Fall verzichten. Nun hatte sie aber Schalk am Tag darauf bereits als Carmen in Wien angesetzt. Deshalb war er sehr verärgert: »Sie werden sich zugrunde richten! Und außerdem werden Sie zu spät kommen!«

»Keine Sorge, Herr Direktor, ich werde fliegen.«

»Wenn Sie mir am Abend schlecht singen«, entließ sie Schalk giftig, »dann lasse ich Sie diese Saison überhaupt nicht mehr singen!«

Der Abend kam, und Rosette Anday hatte, noch erregt von der Berliner Luft (und der Drohung des Direktors), einen besonders brillanten Tag.

Nach dem 2. Akt besuchte sie Schalk in der Garderobe: »Hm«, knurrte er schmunzelnd und zupfte seinen Bart, »von nun an werde ich Sie vor jeder Vorstellung ein bißchen fliegen lassen!«

Um viele Jahre später – es war 1960 – wurde der Kammersängerin in der Kuranstalt Schärding am Inn der Abt von Sankt Paul in Kärnten, Prälat Matthias Schneider, vorgestellt.

»Oh, wir kennen uns seit langem«, meinte der geistliche Herr, »wir sind ja Kollegen und gemeinsam auf der Opernbühne gestanden.«

Und da ihn die Künstlerin ungläubig lächelnd ansah, erklärte er: »Gewiß, als Direktor Schalk in der Staatsoper ›Don Gil von den grünen Hosen‹ mit Walter Braunfels und Lotte Lehmann in der Titelrolle herausbrachte, sangen Sie, gnädige Frau, die Altpartie und ich den Savoyardenknaben. Es war das erste Mal, daß ein Wiener Sängerknabe als Solist die Bretter der Staatsoper betrat. Aber warum sehen Sie mich so erschrocken an?«

»Na hören Sie«, platzte die Kammersängerin heraus, »da soll man nicht erschrecken, wenn ein Prälat noch Sängerknabe war, als ich schon auf der Opernbühne stand!«

Als Maria Nemeth, die königliche Turandot aus Ungarn mit dem alles überstrahlenden stählernen Sopran, unter der Direktion Franz Schalk an der Wiener Staatsoper ihre Glanzzeit erlebte, erhoben sie ihre Kollegen taxfrei in den Adelsstand. Sie nannten sie (frei nach Schillers ›Glocke‹): Nemeth Holz vom Fichtenstamme.

Bei einer ›Tannhäuser‹-Vorstellung der Wiener Staatsoper in den dreißiger Jahren gegen Ende der Ära Schalk geschah es, daß bei der Verwandlung von der Venusbergszene zum zweiten Bild – Waldtal zu Füßen der Wartburg – die Versenkung versagte. Als es wieder hell wurde, stand mitten im lieblichen Tal – zu den Füßen der Wartburg – das Bett der Venus, und darauf lag, erstaunten Blickes, die Liebesgöttin Zdenka Zika. Als sie merkte, daß sie hier fehl am Ort war, sprang sie erschrocken auf und, weil sie das Bett nicht mitnehmen konnte, nahm sie wenigstens den Polster unter den Arm – Ordnung muß sein! – und verdrückte sich so höchst ungöttlich in die Kulisse. Tannhäuser kniete zerknirscht am Boden, und das Publikum johlte vor Lachen.

Georg Maikl, der so vielseitige wie hochmusikalische Spieltenor der Wiener Staatsoper, der dem Haus fast zwei Generationen lang diente, hatte häufig den Narraboth in der ›Salome‹ zu singen, jenen Hauptmann, der sich gleich am Beginn der Oper entleibt, worauf ihn die Soldaten des Herodes aus der Szene tragen.

Eines Abends – man gab wieder die ›Salome‹ – meinte Maikl zu einem Kollegen: »Ich bin froh, daß ich heute eine so kurze Partie habe. Ich bin nämlich bei einem Verehrer zum Souper eingeladen, wo die Hausfrau mein Leibgericht kocht.«

Daraufhin ging der liebe Kollege hinter die Bühne, wo die Soldaten des Herodes bereits gerüstet standen, instruierte sie und schlug vor: »Wißt's was? Laßt's ihn liegen!«

So geschah es auch. Narraboth stieß sich das Schwert in die Brust und stürzte hin. Die Soldaten kamen und zerrten ihn an den äußersten Rand der Rampe. Dort mußte der »tote« Maikl liegenbleiben, bis der Vorhang fiel. Sein Leibgericht war längst verbrutzelt.

Im Juni 1932 dirigierte Franz Schalk seine letzte Vorstellung in der Wiener Staatsoper: ›Tristan und Isolde‹. Noch einmal siegte der Geist über den Stoff und die heilige Flamme der Begeisterung über den schwerkranken Körper. Der zarte Greis riß die Aufführung auf einsame Höhen empor. »Er wurde sehr gefeiert« – so erzählt Lotte Lehmann, die dabei war –, »und die überschlanke Gestalt am Pult schwankte wie im Sturm unter dem Jubel des Publikums.« Und dann geschah etwas Sonderbares: Schalk blieb am Pult stehen, faltete seine Hände um die Brüstung, die den Orchesterraum vom Auditorium trennt, und »umfaßte das große, schöne alte Haus mit liebendem Blick«, bis sich das ganze Theater geleert hatte. »Ein müder Mann, gebrochen und todgeweiht, verließ als letzter das Haus ...«

Kapitel VII
Zwei Antipoden
Richard Strauss und Hans Pfitzner

> »Die Gedankenwelt in die Wirklichkeits-
> welt zu bringen, ist ein beschwerlicher
> Transport, bei dem immer viel verloren-
> geht.«
>
> *Hans Pfitzner*

Die beiden Zeitgenossen, Richard Strauss, der extrovertierte
Weltbürger und »deutsche Außenminister in musicis« (wie ihn
ein Musikologe genannt hat), und Hans Pfitzner, der introver-
tierte Grübler, Poet und »letzte Romantiker« der Töne, waren
schon rein äußerlich diametrale Gegensätze: dort der hochge-
wachsene Bajuware mit der gemütlichen Kugelglatze und der
legeren Selbstironie, hier der spitzbärtige, später scharfbebrillte
und allzeit scharfzüngige (zufällig in Moskau geborene) Gnom,
der seine musikalische Dichter- und Seherschaft hinter einem
geistfunkelnden Bosnickel verbarg.

Strauss hat die Musikbühne der Welt nach Verdi und Wagner
noch einmal mit einer Fülle farbigster Gestalten bevölkert, deren
geistiges Gefälle (von der ›Elektra‹ bis zur ›Arabella‹) immer
wieder Zweifel an der Seriosität dieser Opernwelt aufkommen
ließ. Pfitzner hat dem internationalen Opernrepertoire im
Grunde nur ein einziges Werk geschenkt: sein tiefsinniges Musikdrama ›Palestrina‹, das immer noch der Prüfstein ist für das
geistige Niveau eines Opernhauses und seines Publikums. Sie
sind einander oft begegnet; meist auf gespannter Ebene. Zuletzt
wollte sie der Tod vereinen (sie starben beide 1949); aber da
preschte der Jüngere, Pfitzner, um vier Monate vor ...

Nach seinen beiden Jugendopern ›Guntram‹ und ›Feuersnot‹
erregte Richard Strauss mit seiner Kühnheit, Oskar Wildes ›Salome‹ wortwörtlich zu vertonen, Ärgernis und Aufsehen. Zur
Dresdner Uraufführung von 1905 fand sich auch Kaiser Wilhelm
II. ein, dem das Werk durchaus mißfiel. Nach der Vorstellung
meinte er zum Generalintendanten: »Ach wissen Se, ik habe ja
den Strauss ganz gern. Aber die ›Salome‹ hätte er besser nicht
schreiben sollen. Dat wird ihm scheußlich schaden!«

Als man dem Meister einmal die besorgte Äußerung Seiner Majestät hinterbrachte, stellte er gelassen fest: »Siehgst, und von den Schaden hab i mir mei Villa in Garmisch 'baut.«

Nach der Uraufführung der ›Salome‹ erschien in den ›Lustigen Blättern‹ eine Karikatur. Sie zeigte die leichtbekleidete, schleierschwingende Titelheldin und daneben den bärtigen Propheten Jochanaan mit erhobenem Zeigefinger, und darunter stand zu lesen:
»Warte, Johannes, dich wird man köpfen!«
»Und dir wird's noch schlimmer gehen: du wirst von Strauss komponiert werden!«

Die österreichische Erstaufführung der ›Salome‹ fand, trotz der verzweifelten Bemühungen Gustav Mahlers, nicht in der Wiener Hofoper, wo die Zensur-Obrigkeit den Stoff für hofunfähig erklärt hatte, sondern in Graz statt. Nach einer der Wiederholungen, die Richard Strauss selbst dirigiert hatte, gab es beim »Elefanten« eine gemütliche Nachfeier im Freundeskreis, dem auch der ›Evangelimann‹-Komponist Wilhelm Kienzl angehörte. Natürlich wurde auch über das schwierige Werk heftig diskutiert. Meinte ein Freund zu Strauss: »Also, bevor mich einer dazu bringt, die Partie der Salome auswendig zu lernen, schieß' ich mir lieber a Kugel durch'n Kopf!«
Strauss nahm einen kräftigen Schluck Bier, wischte sich den Mund und sagte: »Ich auch!«

Den Musikern, die etwas mutlos vor den Schwierigkeiten der ›Salome‹-Partitur saßen, erklärte Strauss: »Aber meine Herren! Nur keine besonderen Komplikationen in der Oper suchen! Im Grund' ist die ›Salome‹ nichts anderes wie ein Lustspiel mit tödlichem Ausgang!«

In der Pause einer Grazer ›Salome‹-Probe trat ein Oboist an Strauss heran, hielt ihm seine Stimme unter die Nase, zeigte auf eine schwierige, rasche Passage und beklagte sich: »Herr Doktor, das geht vielleicht auf dem Klavier, aber niemals auf der Oboe!«
Strauss legte dem Mann die Hand auf die Schulter und erwiderte gemütlich: »Trösten S' Ihna, auf'm Klavier geht's a net!«

Das hatte offenbar der Oboist des Wiener Hofopernorchesters, Johann Strasky, von selbst erfaßt. Denn als ihn ein jüngerer

Kollege fragte, wie er denn diese Passage spielte, da erklärte er: »Da brauchen S' nur die Löcher aufmachen. Den Unterschied hört eh niemand!«

Über eine lange, anstrengende Tutti-Stelle, also eine Stelle, die das ganze Orchester mitspielte, belehrte er seinen Kollegen: »Da muß ma nur an roten Kopf kriegen und so ausschau'n, als ob man blaset!«

Dagegen faßte der Konzertmeister der Dresdner Staatskapelle, dem es bei der Uraufführung der ›Elektra‹ ähnlich ergangen sein mochte wie dem Oboisten Strasky bei der ›Salome‹, seinen Kummer in folgenden Schüttelreim:

»Im neuen Werk von Richard Strauss
da krieg ich nie die Strichart 'raus!«

Als vier Jahre später die Richard Strauss'sche ›Elektra‹ in Dresden zum erstenmal über die Bretter ging, war die Reaktion von Presse und Publikum derart heftig und unterschiedlich, daß auch der Textdichter Hugo von Hofmannsthal unsicher wurde. Besorgt fragte er seinen Freund Hermann Bahr: »Was meinst du, wird das Werk auch so einschlagen wie die ›Salome‹?« Worauf ihn Bahr, der gerne kühne Vergleiche liebte, großzügig tröstete: »Aber, mein Lieber, die ›Salome‹ war doch nur der Semmering, die ›Elektra‹ ist der Tschimborasso!« – »Na ja«, erwiderte Hofmannsthal ungetröstet, »aber auf den Semmering gehen halt doch mehr Leut'.«

Die Uraufführung von Richard Strauss' ›Elektra‹ fand 1908 in Dresden statt. Ernst von Schuch dirigierte. Während der ersten Kostümprobe mit Orchester saß der Meister im verdunkelten Parkett neben dem Regisseur und dem Bühnenbildner und überwachte die Aufführung. Gleichzeitig aber hantierte im Zuschauerraum ein Tapezierer, der auftragsgemäß für die bevorstehende Premiere das Gestühl überholte, wobei er einen Sitz nach dem andern umklappte.

Durch das Geräusch irritiert, klopfte Schuch ab, drehte sich um und rief verärgert in den Saal: »Was ist denn los, zum Teufel?! Was sucht denn der Mann da in einem fort ...!?«

Eisige Stille. Dann ertönte Strauss' Stimme aus dem Dunkel: »An Dreiklang!«

Nach einer der frühen ›Elektra‹-Aufführungen, deren aggressives Orchesteraufgebot, deren aufwühlende expressionistische Klangballungen wieder einmal das Publikum heftig konsterniert hatten, wurde Richard Strauss gefragt, ob denn derlei Attacken gegen den Zuhörer eigentlich notwendig seien. Gemütlich erwiderte der Meister: »Ja mei, wenn droben auf der Bühne der Sohn die Mutter derschlagt, dann kann i do drunten im Orchester ka Violinkonzert spielen lassen!«

Als Richard Strauss in der ›Elektra‹ den gewaltigen Orchesterapparat der ›Salome‹ (104 Mann!) noch um elf Mann überbot und dabei nicht nur dreifach geteilte Geigen und Bratschen, sondern auch noch so selten gebrauchte Instrumente wie Heckelphon, Baßtrompete, dazu sechs bis acht Pauken, Rute, Tamburin, Celesta usw. forderte, da rätselte man in der Öffentlichkeit eifrig herum, welches Orchester-Monstrum der Meister in seinem nächsten Werk auf die Beine stellen würde.

Die ›Lustigen Blätter‹ wußten zuerst Bescheid und eröffneten ihren Lesern, daß die nächste Partitur von Richard Strauss unter anderem folgende Orchesterstimmen enthalten würde:

»24 erste Geigen, 24 zweite Geigen, 22 dritte Geigen, 18 vierte Geigen, 23 Bratschen, 16 Violinen, 18 Kniegeigen, 16 Wadengeigen, 12 Trumscheidts, 14 erste Harfen, 12 zweite Harfen, 10 Lyren, 16 Äolsharfen, 9 Windorgeln, 10 Wasserorgeln, 6 Nebelhörner, 12 Englische Hörner, 12 Schottische Hörner, 12 Irische Hörner, 10 Pikkoloflöten, 12 Radauflöten, 18 Balalaiken, 8 Anemochorde, 6 Amphikorde, 6 Monochorde, 10 Polychorde, 8 Theorben, 8 Kistophonien, 6 Revolverkanonen, 10 abgestimmte Jaguare, 22 Gongs, 10 Lokomotivpfeifen, 12 Maultrommeln, 4 Dampfhämmer, 8 arabische Schnabelflöten, 6 Lepraklappern, 10 Ambosse, 12 katholische Glocken, 16 israelitische Schofars.

Bei den Aufführungen im Ausland tritt noch je nach Lage 1 Meeresbrandung, 1 Niagara, 1 Samum, 1 Herde brünstiger Elche, 1 Ätnaausbruch obligat hinzu.«

Die Uraufführung von Hans Pfitzners Oper ›Der arme Heinrich‹ fand 1895 in Mainz statt und wurde als Benefizvorstellung für den Komponisten, also zu dessen Gunsten, gegeben. Daran erinnerte sich bei einer späteren Neuinszenierung des Werkes der Kapellmeister, und er meinte zum Meister, der Regie führte: »Wie schade, daß es keine Benefizvorstellungen mehr gibt. Das war doch eine gute Einrichtung!«

Darauf Pfitzner: »Na ja, dafür gibt's eben jetzt mehr Malefiz-vorstellungen!«

Hans Pfitzners Oper ›Die Rose vom Liebesgarten‹, die Gustav Mahler 1905 in der Wiener Hofoper in Anwesenheit des Komponisten aus der Taufe hob und gegen alle Widerstände (teilweise auch des Orchesters) durchsetzte, beginnt mit der Note Fis, die von verschiedenen Instrumenten in unterschiedlicher Lautstärke gespielt und ausgehalten wird. Die Musiker hatten daher sofort einen Spitznamen für die Oper parat. Als die Aufführung wiederholt wurde, stellten sie fest: »Aha, heut' spiel' ma wieder den Tausendfissler!«

Bei einem Abendessen saß Pfitzner neben einer jungen Dame, die sich sehr bemühte, dem Komponisten etwas Nettes zu sagen. »Meister«, so begann sie, »ich liebe Ihre Musik . . . besonders den ›Grünen Heinrich‹ . . .« Aber da unterbrach sie Pfitzner mit der spontanen Bitte: »Ach, würden Sie so freundlich sein und mir den armen Salat herüberreichen!«

Die Erinnerung an den Wagnersänger Heinrich Knote war noch lebendig, als der Tenor Karl Erb an einer Verknotung der Stimmbänder erkrankte. Worauf Pfitzner, schüttelreimend feststellte: »Wäre besser, wenn sich Knotes Stimmbänder vererbten, als wenn Erbs Stimmbänder sich verknoten.«

Auf die Frage: Was ist paradox? extemporierte Pfitzner in einer Gesellschaft: »Wenn ein Sopran baß erstaunt ist, daß ein Tenor alt wird!«

Als nach dem Schock der revolutionären ›Elektra‹ Richard Strauss völlig unerwartet mit dem walzerseligen ›Rosenkavalier‹ erschienen war und damit neuerdings gewisse Kreise schockierte, da rätselte die Presse emsig herum, welches Sujet der Meister nun als nächstes komponieren würde. Fast täglich erschienen Nachrichten »aus gut informierten Kreisen«, die es genau wissen wollten, bis es Strauss zu dumm wurde und er folgende Epistel an eine Zeitung schrieb:
»Ich komponiere gegenwärtig weder, wie man gemeldet hat, eine Oper von Hofmannsthal noch eine Pantomime noch eine Sache für den Zirkus. Ich habe auch D'Annunzio kein Montmartre-Sujet als Operntext vorgeschlagen, noch komponiere ich ge-

genwärtig überhaupt etwas von D'Annunzio. Ich habe schon mancherlei komponiert, aber noch keine sauren Gurken!«

Daß Richard Strauss bei seiner Arbeit an der Figur des Ochs von Lerchenau stets an Richard Mayr gedacht habe, soll der Meister einmal selbst bestätigt haben. Als Mayr davon erfuhr, meinte er: »Jetzt waß i net, is des a Ehre oder a Beleidigung!?«

Nach der denkwürdigen Wiener Erstaufführung des ›Rosenkavaliers‹ in der Staatsoper vom April 1911 unter Franz Schalk, in der Ausstattung von Alfred Roller, die stilbildend wurde für die Zukunft, und in der klassisch gewordenen Besetzung Gutheil-Schoder (Oktavian), Lucie Weidt (Marschallin), Richard Mayr (Ochs), schrieb die Wiener Presse von »ausdrucksleeren, schablonenhaften, banalen« Walzern, vom »Don Giovanni aus der Jauche« und ließ am Textdichter Hofmannsthal kein gutes Haar, am Komponisten Strauss nur wenige. »Daß der ›Rosenkavalier‹ den Weg zu einem neuen Opernideal auch nur andeute, können wir uns nicht entschließen zuzugeben. Ganz im Gegenteil ...«, schrieb der alte Korngold in der ›Neuen Freien Presse‹, und er fand sich darin durchaus einig mit dem deutschen Kaiser Wilhelm, der auf Veranlassung seines Sohnes eine Aufführung des Werkes in Berlin besuchte und dann bündig feststellte: »Ne, det is keene Musik für mich!«

Die Urfassung der ›Ariadne auf Naxos‹ erklang erstmalig 1912 in Stuttgart, und zwar unter der persönlichen Leitung des Komponisten. Mit dieser Festpremiere wurde das neuerbaute Hoftheater feierlich eröffnet. Monate vorher hatte man sich eigens bei Richard Strauss um die Stärke des benötigten Orchesters erkundigt, damit der Orchesterraum entsprechend groß angelegt würde.

Als die erste Probe stattfinden sollte, erwies sich, daß fast nur ein Drittel der Musiker Platz hatte. Was war passiert? Man hatte beim Maßnehmen des Orchesterraumes in Ermangelung von Orchestermusikern eine Regimentskapelle in der angegebenen Stärke abkommandiert, in Reih und Glied aufgestellt und dann für den Architekten mit Kreide ein Rechteck um sie gezogen. Daß Musiker Sitze und Pulte benötigen könnten oder daß es gar in einem Opernorchester so aufwendige Instrumente wie Pauken, Harfe, Celesta geben könnte, das war niemandem eingefallen.

Als Strauss die Bescherung sah, soll er der Intendanz den guten Rat gegeben haben: »Wißt's was? Wenn ihr wieder a Theater baut's, nacha setzt's z'erst das Orchester hin und dann baut's das Theater rundumadum!«

In München probte Richard Strauss einmal seine ›Ariadne‹. Die Sängerin war nervös und kam immer wieder aus dem Takt. Strauss blieb die Ruhe selbst und nahm geduldig die verpatzten Stellen noch einmal. Das brachte die Sängerin ganz aus dem Häuschen. Beim nächsten »Schmiß« unterbrach sie die Probe, trat an die Rampe und meinte: »Entschuldigen Sie, Herr Doktor, ich bin andere Tempi gewöhnt!«

Darauf Strauss: »Tut mir leid, liebes Fräulein, ich kenn' nur meine eigenen!« Und indem er sich zum Parkett umwandte, wo neben anderen Dirigenten auch Karl Böhm saß: »Wie nehmen's denn meine Kollegen?«

Einem ebenso selbstbewußten wie unerfahrenen Taktschläger, dem man in einer deutschen Provinzstadt die ›Ariadne auf Naxos‹ anvertraut hatte, gab Richard Strauss den kollegialen Rat: »Herr Kapellmeister, heut' müssen S' aber höllisch aufpassen. Die Sängerin da droben is' nämlich ekelhaft musikalisch!«

Während Richard Strauss an der Berliner Hofoper dirigierte, wetteiferte man in den vornehmen Salons darin, den Gästen als besonderen Aufputz den berühmten Meister präsentieren zu können. Als Strauss, durchaus nicht eitel auf seinen Ruhm, aber seiner selbst bewußt, nach einer Opernaufführung von einer Dame mit den Worten eingeladen wurde: »Kommen Sie doch, Herr Doktor, morgen zu uns auf einen Teller Suppe, wir machen auch gar keine Umstände«, erwiderte er: »Ach, Gnädigste, wenn Richard Strauss zu Ihnen kommt, können Sie ruhig Umstände machen!«

Nach einem Gastspiel in der Berliner Oper saß Richard Strauss mit Freunden bei einer Skatpartie beisammen. Fragte ihn einer der Partner: »Wissen Sie, Herr Doktor, daß sich jetzt gerade auch Hans Pfitzner in Berlin aufhält?«

Darauf Strauss, die Karten mischend: »Worüber?«

Unter den zahlreichen Liedern, die Richard Strauss vertonte, befindet sich auch das schöne ›Allerseelen‹-Gedicht von Her-

mann Gilm: »Stell' auf den Tisch die duftenden Reseden ...«
Nun hatte der prominente Konzertunternehmer Hugo Knepler
dem Meister ein Dirigentengastspiel in Spanien vermittelt und
bislang die ihm zustehende Provision nicht erhalten. Strauss
hatte offenbar darauf vergessen. Also schrieb ihm Knepler folgendermaßen:

»Sehr verehrter Herr Doktor! Da ich mich augenblicklich in
einer richtigen Allerseelenstimmung befinde, habe ich keinen
dringlicheren Wunsch als diesen: Stell' auf den Tisch die duftenden Peseten!«

Die Provision traf umgehend ein.

Richard Strauss komponierte stets unabhängig vom Klavier.
Auch seine Opern pflegte er gleich direkt ins Manuskript zu
schreiben. Darauf bezog sich eine Bemerkung des Meisters, der
anläßlich der Uraufführung seiner ›Arabella‹ in Dresden zur
ersten Orchesterprobe erschien und im Parkett neben seinem
ersten Mandryka genüßlich Platz nahm: »Sehen S', das is einer
der schönsten Momente in meinem Leben, wenn i mi zum ersten
Mal hör'!«

Nach der Generalprobe zur Wiener Erstaufführung von Pfitzners ›Palestrina‹, die Schalk 1919, am Beginn der Doppeldirektion Strauss-Schalk in der Staatsoper herausbrachte, begegneten
die beiden Antipoden Pfitzner und Strauss einander in den Räumen der Direktion. Strauss fand einige verbindliche Worte,
Pfitzner aber meinte anzüglich: »Sie haben keine Ahnung, was
mich dieses Werk seelisch gekostet hat!« Worauf Strauss fröhlich
erwiderte: »Ja, warum komponieren S' denn dann, wenn's Ihnen
so schwerfallt?«

Bald darauf hatte Pfitzner Gelegenheit, sich zu revanchieren.
Strauss dirigierte seine ›Alpensinfonie‹, und Pfitzner saß in der
Loge. In der musikalischen Naturschilderung dieses Werkes gibt
es bekanntlich »Auf dem Gletscher« kurz vor dem Aufstieg zum
Gipfel ein Geigensolo, das an den bekannten langsamen Satz des
Violinkonzertes von Max Bruch erinnert.

Nach der Aufführung fragte Strauss den prominenten Zuhörer: »Nun, gestrenger Meister, was haben S' denn heut auszu-
setzen?«

»Gar nichts«, erwiderte Pfitzner, »es war eine imponie-
rende touristische Leistung. Nur vor dem Gipfel hätten Sie
sich beinahe einen Bruch geholt!«

Es war im Jahre 1921, als der 20jährige Anfänger Josef Witt im Münchner Nationaltheater zum ersten Mal in Pfitzners ›Palestrina‹ sang. Man hatte ihm die kleine Partie eines Kapellsängers gegeben, und er stand eben in der Kulisse und wartete auf seinen Auftritt. Da rannte plötzlich ein kleines Männchen über die Seitenbühne, stolperte über ein Kabel und fiel Witt direkt in die Arme. Anstatt sich zu bedanken, schimpfte der kleine Mann auf den jungen Sänger, der wirklich für das Kabel nicht zuständig war, wie ein Rohrspatz: »Nehmen Sie doch dieses Zeug fort! Welcher Dummkopf hat denn diese Fußangel gelegt!« Und weg war er. Das war Witts erste Begegnung mit Hans Pfitzner. Der zusammengestauchte Kapellsänger aber wurde später einer der besten Freunde des Meisters und einer seiner großartigsten Palestrina-Darsteller.

Um viele Jahre später – es war nach einer Aufführung der Kantate ›Von deutscher Seele‹ und Witt hatte die Tenorpartie gesungen – zog Pfitzner den kleinen Kapellsänger von einst in eine Ecke, umarmte und küßte ihn und bot dem beinahe Erschrockenen das Du an. Aber er machte sofort eine Einschränkung: »Nur heute noch nicht. Sonst kommen die andern und wollen auch mit mir per du werden!«

Richard Strauss sah weder in der Präzision noch in der Perfektion den Schlüssel zur musikalischen Seligkeit. In seiner gemütlichen süddeutschen Art schätzte er die Improvisation und kalkulierte sie gelegentlich auch in seinen Partituren mit ein. Als bei einer Probe zur Uraufführung der ›Frau ohne Schatten‹ in der Wiener Staatsoper der Konzertmeister kopfschüttelnd auf eine Passage hinwies und meinte: »Herr Doktor, da kann man unmöglich jeden Ton präzise spielen«, belehrte ihn der Meister: »Aber natürlich nicht! Ich verlange ja gar nicht, daß Sie alles spielen, was dort steht!«

Ähnlich erging es dem jungen Herbert von Karajan, als er, nach einer ›Elektra‹-Aufführung, die er dirigiert hatte, mit Strauss bei einem Glas Wein saß und dessen Urteil hören wollte. »Aber ja, sehr ordentlich«, nickte der Meister, »nur das Forzato und das Fortepiano haben S' mir zu akkurat g'nommen. So tierisch ernst hab' ich das gar nicht g'meint. Rühren S' dort nur ein bisserl um, dann kommt schon die richtige Wirkung heraus!«

Otto Klemperer besuchte um 1932 Richard Strauss in Garmisch. Er hatte in der bevorstehenden Saison unter anderem den ›Rosenkavalier‹ zu dirigieren und bat den Meister bei einigen schwierigen Stellen um dessen Rat. Aber Strauss, der sich einst als Meininger Hofmusikdirektor seine ersten Sporen verdient und dann an den Opernhäusern von München, Berlin und Wien zu einem der souveränsten Dirigenten entwickelt hatte, winkte ab: »Da kann i Ihnen wenig raten. I bin selber froh, wenn i beim Dirigieren über die Stellen glimpflich drüber komm'!«

Als Richard Strauss in Genua seine ›Arabella‹ persönlich zur Erstaufführung brachte – mit Alfred Jerger als Mandryka und einem italienischen Ensemble (»Auch die Italiener sangen deutsch, aber es war kein Wort zu verstehen«, erinnerte sich Jerger), da nahm der Meister seinen Mandryka gleich von Wien in seinem Mercedes mit. Während der Fahrt zog er einen Brief aus der Tasche und meinte zu Jerger: »Schaun S', da hab' ich heute einen Liebesbrief von meiner Frau gekriegt!«
Jerger wollte nicht indiskret sein, aber Strauss animierte ihn zum Lesen. Zu seiner Verblüffung fand der Sänger in dem Schreiben weder eine Intimität noch eine Spur von Zärtlichkeit, wohl aber eine ganze Portion handfester münchnerischer Invektiven, die unter Fremden zu einer Ehrenbeleidigungsklage gereicht hätten. Als Jerger darüber sein Erstaunen ausdrückte, belehrte ihn der Meister: »Ja, mein Lieber, das muß man halt lesen können, die Zärtlichkeiten stehen zwischen den Zeilen!«

Joseph Gregor, der Textdichter der ›Daphne‹, kam zu einer Arbeitsbesprechung nach Garmisch-Partenkirchen. Er traf den Meister gerade beim Komponieren an und entschuldigte sich vielmals wegen der Störung. »Aber i bitt' Sie«, tröstete ihn Strauss, »das is doch ka Malheur. Das is ja das Angenehme bei mei'm G'schäft: i kann aufhören und wieder anfangen, wann's mir g'fallt!«

Anfangs der vierziger Jahre besuchte Richard Strauss eine ›Rosenkavalier‹-Vorstellung in der Wiener Staatsoper. Neben ihm in der Loge saß der ihm befreundete Schweizer Musikforscher Willi Schuh. Die Marschallin sang eben ihre nachdenkliche Betrachtung über die Zeit, die »ein sonderbar Ding« ist, und konstatierte melancholisch: »In den Gesichtern rieselt sie . . .« Da beugte sich Strauss zu Schuh, deutete mit der Faust auf einen eben im Orchester aufklingenden tiefen leisen Posaunenstoß und erklärte verschmitzt lächelnd: »Hören Sie – die erste Falte im Gesicht!«

Als der Operettenkomponist Paul Lincke im Dritten Reich den Professorentitel erhielt, gab Goebbels einen Empfang für den Geehrten, zu dem auch Pfitzner geladen war.

»Na, was sagen Sie zu unserm neuen Professor?« fragte ihn der Propagandaminister lauernd.

»Für Sie mag er der Rechte sein«, erwiderte Pfitzner trocken, »für mich bleibt er immer der Lincke.«

Zwei Aussprüche werden dem Schöpfer des ›Palestrina‹ in den Mund gelegt, der allerdings – nach Mitteilung Ludwig Kusches – für beide die Verantwortung und Autorschaft abgelehnt, ja den zweiten sogar als »Geschmacklosigkeit« abgetan haben soll.

Der eine: Während des Zweiten Weltkrieges wurde Pfitzner »höheren Orts« beauftragt, ein Werk für die Hitlerjugend zu komponieren. Darauf der Meister: »Jawohl, ich werde eine Pimpfonie in Bal-dur schreiben!«

Der andere: Über seinen Eindruck nach einem Konzert mit Werken von Werner Egk und Carl Orff befragt, knurrt Pfitzner: »Egk mich am Orff.«

Pfitzner fuhr im eigenen Wagen über Land. Am Steuer saß sein junger Chauffeur Hunglinger. In einer Kurve kam der Wagen ins Schleudern und krachte gegen ein Hindernis. Die Insassen blieben gottlob unverletzt, dafür gab es mächtig »Blechsalat«. Pfitzner kroch aus dem Wagen, besah sich den Schaden und konstatierte trocken: »Schnell fertig ist die Jugend mit dem Ford!«

Es war gegen Ende des Zweiten Weltkrieges, als man im »Dritten Reich« den Prominenten von Kunst und Wissenschaft zur schriftlichen Beantwortung die verfängliche Frage vorlegte: »Wie denken Sie über den Führer?«

Hans Pfitzner, dessen ›Palestrina‹ damals in der Wiener Staatsoper aufgeführt wurde, kam zur Premiere, stieg im Hotel Imperial ab und empfing seinen Regisseur und Freund Josef Witt in ungewöhnlich aufgekratzter Laune. Über die Ursache seiner guten Stimmung befragt, erklärte der Meister: »Jetzt weiß ich, was ich als Antwort auf die Frage schreiben werde. Hören Sie: ›Als im Jahre 1933 ein einzelner Mann die Geschicke des deutschen Volkes in seine Hand nahm, war dies eine Ungeheuerlichkeit. Und wenn man bedenkt, wie Deutschland damals aussah und wie es heute, 1944, aussieht, so kann man nur sagen: kaum zu fassen!‹«

Als in Pfitzners Villa in München am Ende des Zweiten Weltkrieges eine Bombe einschlug, quittierte der Meister, der noch in der tristesten Situation ein Wortspiel zur Hand hatte, den Schaden mit den ironischen Worten: »Wenn einem Komponisten nichts mehr einfällt als das Dach, dann soll er's aufgeben.«

Kapitel VIII
Bevor die Musen schwiegen
Von Leo Blech bis Clemens Krauss

> »Ein Vertrag ist schließlich ein Fetzen Papier und das allein Entscheidende ist die Persönlichkeit und das Können.«
> *Richard Strauss an Clemens Krauss*

Leo Blech, der musikalische Chef der Berliner »Kroll-Oper« in der Zwischenkriegszeit, war ein Fanatiker der Pünktlichkeit und Präzision. Wenn ein Sänger in der Aufführung patzte, sandte er ihm in der Pause einen seiner berüchtigten »Denkzettel« in die Garderobe. (Es soll Solisten geben, die damals ein ganzes Paket solcher Zettel gesammelt haben.) Verfehlte der Sänger öfter die gleiche Stelle, dann zückte Blech seinen Rotstift und vermerkte als bleibende Warnung für kommende Kollegen in der Partitur: »Hier schmeißt Herr X!«

Blech besaß ein absolutes Gehör und eine beachtliche Stimme. Als man ihn einmal über seinen Werdegang befragte, antwortete er: »Wäre ich nicht von Kindheit an so musikalisch gewesen, so wäre ich Tenor geworden.«

Helge Rosvaenge leistete sich einmal unter Blechs Dirigentenstab ein Extempore. Am Schluß des Nilaktes in Verdis ›Aida‹ legte er sich aus purem Übermut ein hohes ˙A zu, das nicht in der Partitur stand. Als er in der Pause seine Garderobe betrat, lag dort bereits ein »blechener« Denkzettel. Der enthielt nur eine Note und ein Wort: ein hohes A und darunter ein »Oh« mit drei Rufzeichen.

Aber Leo Blech verteilte nicht nur tadelnde, sondern auch lobende Denkzettel. Glänzte ein Sänger besonders, dann sandte er ihm sein Foto in die Garderobe mit entsprechender Widmung. Nun hatte Helge Rosvaenge dem Dirigenten in einer hartnäckigen Auseinandersetzung vor einer Aufführung von Verdis Oper ›Die Macht des Schicksals‹ die große Tenor-Arie »Die Welt ist nur ein Traum der Hölle«, die Blech zu streichen pflegte, abgetrotzt.

»Die Arie hält bloß die Handlung auf und langweilt das Publikum«, hatte Blech behauptet, »darum habe ich sie selbst Ihrem italienischen Kollegen Tino Pattiera gestrichen!«

Aber Rosvaenge hatte nicht locker gelassen und schließlich seinen Willen durchgesetzt. Nun sah er dem Abenteuer mit einiger Bangnis entgegen. Würde die Arie beim Berliner Publikum wirklich »abstinken«? Er nahm alle seine Nervenkraft und künstlerische Raffinesse zusammen, setzte endlich den hohen Schlußton im Piano an und ließ ihn in einem mächtigen Crescendo bis zum strahlenden Fortissimo anschwellen. Im ersten Moment rührte sich keine Hand. Dann brach das Haus in tosende Ovationen aus. Erschöpft und glücklich betrat Rosvaenge seine Garderobe. Da lag bereits Blechs Konterfei. Begierig drehte es der Sänger um und las:

»Ja, wenn man das soooo singt!«

Als im Herbst 1924 die Wiener Volksoper Schönbergs Einakter ›Die glückliche Hand‹ zum erstenmal auf die Bretter brachte, saß Oskar Kokoschka in einer der Proben und hörte mit geschlossenen Augen zu. Meinte Ruzitska, der substituierte, zu einem Kollegen: »Der Kokoschka macht das ganz falsch. Bei seinen Bildern müßt' er die Augen zumachen, bei Schönberg aber die Ohrwaschln!«

Der Prager Dirigent Egon Pollak, langjähriger Generalmusikdirektor in Hamburg, gastierte auch an der Wiener Staatsoper. Als er am Morgen eines für ihn proben- und dirigierfreien Tages in der Regiekanzlei erschien, empfing ihn dort der Direktor mit den Worten: »Sie kommen wie gerufen, Herr Pollak! Sie müssen heute abend die Vorstellung übernehmen. Ihr Kollege hat nämlich ein Abszeß und kann nicht dirigieren!«

Worauf Pollak trocken feststellte: »Das erste war mir unbekannt.«

Am Abend stieß Pollak im Haus mit Knappertsbusch zusammen und stellte sich kurz vor.

»Och, Pollak«, knurrte »Kna«, »das ist wohl Ihr Künstlername?«

»Erraten«, knurrte der andere zurück. »Mein bürgerlicher Name ist Knappertsbusch!«

Bruno Walter war ein ebenso selbstkritischer wie feinnerviger und gewissenhafter Dirigent. Wenn er trotz intensiven Probens mit einer Stelle noch nicht ganz zufrieden war, und das geschah sehr häufig, dann pflegte er immer wieder zu sagen: »Ich bin noch nicht ganz glücklich!«

Das wurde in den Reihen der Wiener Philharmoniker zu einem geflügelten Wort und sprach sich bald im ganzen Salzburger Festspielhaus herum. Als die Musiker nach einer Salzburger Opernprobe bei der Klofrau des Hauses vorbeiströmten, fragte die Dame teilnehmend: »Na, is er schon glücklich?«

Arturo Toscanini hörte sich kaum jemals die Aufführung einer seiner Kollegen an. Als er es bei den Salzburger Festspielen einmal doch tat und, verborgen in einer Loge, einem Akt der ›Zauberflöte‹ unter Furtwängler beiwohnte, verließ er das Haus – so erzählt man sich – mit der bündigen Feststellung: »Il grande dilettante!«

Furtwängler, dem die Äußerung zu Ohren kam, soll darauf lächelnd erwidert haben: »Wo Toscanini aufhört, dort fange ich erst an!«

15. Juli 1927. Der rote Aufstand in Wien – genannt Juliputsch – ist in vollem Gang. Der Justizpalast brennt lichterloh – die Fackel des Bürgerkriegs lodert über Österreich! Schwerbewaffnete Polizei riegelt das nahe Parlament ab, wo die Regierung in Permanenz tagt. Vergebens versucht ein Mann den Kordon zu durchbrechen. »Lassen Sie mich durch«, ruft er einen Polizeioffizier an, »ich bin der Direktor der RAVAG und muß dringend zur Regierung ins Parlament!« Da kommt der Polizist näher heran, mustert den Direktor und sagt: »Ah, Sie san also der RAVAG-Direktor. Jetzt sag'n S' mir amal: zu was spülen Sie alleweil die saublöden Opern?«

Als Felix Weingartner zum zweitenmal die Direktionsgeschäfte der Wiener Oper führte, kam es bald wieder zu internen Differenzen. Indessen waren zwei Bände seiner Memoiren erschienen, in denen man genau nachlesen konnte, was man ihm während seiner ersten Wiener Direktionszeit alles angetan hatte.

In diesen Tagen, es kriselte bereits heftig, wollten Erwin Kerber, damals administrativer Direktor, und Heinrich Reif-Gintl, damals artistischer Sekretär des Hauses, beim Chef vorsprechen, aber der Diener wehrte ab: »Der Herr Direktor darf nicht gestört werden. Er diktiert gerade.«

Meinte Erwin Kerber zu Reif auf salzburgisch: »Aha, des is der dritte Band! Jetzt san mir zwa dran!«

George Szell, der geborene Bühnendirigent mit den feinen Ohren, leitete 1932 am Deutschen Theater in Prag als blutjunger

Chefdirigent des Hauses die ›Meistersinger‹. Hans Hotter, gleichfalls noch am Beginn seiner Karriere, hatte die kleine und wenig ergiebige Partie des Meisters Nachtigall erhalten und sann bei der Generalprobe aus purer Langeweile auf Schabernack. Als es zum rauschenden Schlußakkord des dritten Aufzugs kam, wo auf das Stichwort »Nürnbergs teurem Sachs« das gesamte Ensemble in einem strahlenden C-Dur mündet, sang er zum Spaß ein zartes B, so daß ein schwebender Septakkord entstand.

Nach der Probe, bei der Besprechung auf der Bühne, kam Szell wie zufällig bei Hotter vorbei, wandte den Kopf und bemerkte leichthin: »Wenn Sie glauben, Herr Nachtigall, daß ich die Schweinerei mit dem B nicht gehört habe, dann irren Sie sich!«

Daraufhin formulierte Hotter die Antwort auf die rhetorische Frage: »Welcher ist der ideale Dirigent?« folgendermaßen: »Jener mit der Schlagtechnik von Erich Kleiber, mit dem Kopf von Toscanini, mit dem Herz von Furtwängler und den Ohren von Szell!«

Die Wiener Erstaufführung seines ›Intermezzo‹ in der klassischen Inszenierung von Alfred Roller und Lothar Wallerstein leitete Richard Strauss persönlich. Alfred Jerger sang sein Ebenbild, den Kapellmeister Storch, Lotte Lehmann die Kapellmeistersgattin, deren Original, Pauline Strauss, im Zuschauerraum saß. Jerger stattete seine Figur mit großer Gutmütigkeit aus und ließ auf der Bühne alle Launen seiner Frau mit Geduld und Nachsicht über sich ergehen, bis ihm schließlich sein Temperament durch- und der Hut hochging und er, sozusagen außer Programm, wütend mit der Faust auf den Tisch schlug.

Wallerstein will die Szene ändern, aber Strauss ist begeistert: »Ausgezeichnet! Genau so soll er bleiben!«

In der Pause aber holt Pauline Strauss den Sänger auf die Seite und meint: »Gut haben S' das g'macht, Jerger. Nur das Auf-den-Tisch-Hauen, das lassen S' bleiben. Das tät' sich der Richardl z'Haus nie trauen.«

Während der Direktionszeit Erwin Kerbers dirigierte Knappertsbusch in der Wiener Staatsoper das ›Rheingold‹. Wie immer ohne Probe. Knapp vor der Vorstellung erschien er plötzlich in der Garderobe des Tenors Josef Witt, der den Loge sang, und sagte: »Na, Witt, Sie kennen ja das Stück ... an der einen Stelle geh ich ein bißchen voran ... Sie wissen schon, was ich meine!«

und war ebenso plötzlich wieder verschwunden. Das war Kna's ganze Probe.

Witt erläutert dazu: »Das Merkwürdige war, man wußte wirklich, was Kna meinte. Ich zweifelte gar nicht daran, daß er jene Schlußstelle im Auge hatte, wo es heißt: ›Ihrem Ende eilen sie zu, die seligen Götter ...‹, und ich täuschte mich nicht. Es klappte bestens.«

Einmal aber klappte es nicht, und der sonst so verläßliche Loge verpaßte seinen Einsatz. Knappertsbusch war darüber so perplex, daß er den Taktstock sinken ließ. Das war er bei Witt nicht gewöhnt. Bei den folgenden ›Rheingold‹-Aufführungen begab sich dann immer das gleiche Schauspiel am Dirigentenpult. Wenn die bewußte Stelle kam, zog Kna mit der Linken sein weißes Taschentuch und winkte damit Loge weithin sichtbar zu. Wenn dann der Einsatz präzise gekommen war, verbeugte er sich mit komischer Grandezza oder hob zwei Finger dankend an die Schläfe.

Knappertsbusch hatte eine unüberwindliche Abneigung dagegen, sich dem applaudierenden Publikum zu präsentieren. Das wußte auch der Direktor der römischen Oper, darum wandte er sich an den Regisseur Witt um Hilfe: »Maestro, Knappertsbusch muß vor den Vorhang! Sein Nichterscheinen würde das römische Publikum als einen Affront betrachten!«

Also verschworen sich die beiden zu gemeinsamer »Aktion«. »Wir verwickeln Kna hinter dem Vorhang in ein Gespräch mit den Sängern, und dann schleifen wir ihn einfach auf die Bretter«, schlug Witt vor. Und so geschah es auch. Knappertsbusch wurde überrumpelt und mit mehr oder minder sanfter Gewalt an der Hand des Regisseurs vor die Rampe gezogen. Die Wirkung war verheerend. Kna ließ totenbleich und gesenkten Hauptes das Toben der Römer über sich ergehen, dann riß er sich jählings los, stürzte mit langen Schritten davon und ward nicht mehr gesehen. Er hat Josef Witt den Überfall nie verziehen ...

Im Sommer 1937 dirigierte Knappertsbusch in Salzburg die ›Elektra‹. Es war im wesentlichen die stehende Aufführung der Wiener Staatsoper, die man damals einfach ins Festspielprogramm übernahm, doch wurde auf besonderen Wunsch des Tenors, der den Ägisth sang, eine kurze Orchesterprobe angesetzt. Noch ehe die Ägisth-Szene zu Ende war, stand Kna vom

Pult auf, legte den Taktstock hin und sagte: »Was will er denn? Er kann's ja ohnehin!«

Auch berühmte und große Dirigenten sind nicht unfehlbar. So verschlug sich einmal Wilhelm Furtwängler in einer ›Tristan‹-Aufführung der Wiener Staatsoper beim heiklen Fünfvierteltakt des letzten Aufzuges. Das Orchester ließ sich nicht beirren und spielte ruhig weiter.

Als Furtwängler dann beim Abgehen an der Pauke vorbeikam, erhob sich der philharmonische Paukist Hans Schnellar, der nicht nur wegen seiner rhythmischen Sattelfestigkeit und virtuosen Schlagtechnik, sondern auch wegen seiner losen böhmakelnden Zunge bekannt war, und raunte dem Dirigenten zu: »Herr Kapellmeister, wenn Taktstock Glöckerln hätt' …!«

Maria Jeritza und Maria Olszewska stammten nicht nur beide aus slawischen Gefilden, sie waren beide mit attraktiver Schönheit, leidenschaftlichem Theaterblut und einer herrlichen Stimme gesegnet. Das vertrug sich schlecht unter einem Dach.

Während der Direktion Clemens Krauss' standen die beiden feindlichen Marien in einer ›Walküre‹-Aufführung der Wiener Staatsoper gleichzeitig auf dem Programm. Die Jeritza verkörperte die Sieglinde, die Olszewska sang die Fricka und war an diesem Abend besonders gut disponiert. Das reizte die Jeritza. Während die Göttermutter im 2. Aufzug mit Wotan ihre dramatische Auseinandersetzung auf der Bühne hatte, stellte sich Sieglinde in die Kulisse und schnitt allerlei Grimassen, um die Rivalin aus der Fassung zu bringen. Fricka wartete nur, bis Wotan ein paar Takte allein zu singen hatte, dann wandte sie sich zur Seite und spuckte mit einem lauten »Pfui!« in hohem Bogen in die Kulisse, was Wotans Lieblingswalküre damit beantwortete, daß sie der hehren Göttermutter ihre Zunge zeigte.

Wien hatte für Wochen sein Gesprächsthema Nummer eins …

Als die unbekannte Anfängerin Elisabeth Höngen sich im Stadttheater Wuppertal zum Vorsingen meldete, bedeutete man ihr, das sei nicht möglich, denn heute gebe es überhaupt kein Vorsingen.

Darauf die Höngen in stolzer Bescheidenheit: »Ja, ich weiß. Aber für mich gilt das nicht, denn ich werde ja engagiert!«

Clemens Krauss erscheint am Morgen in seinem Direktionszimmer in der Wiener Staatsoper. Der Diener bringt ihm die Post, er sieht sie durch, entdeckt eine Todesanzeige, öffnet sie und sagt: »Schon wieder der Falsche!«

Am 13. März 1938 lehnte Leo Slezak mit einem Freund am Fenster seiner Wohnung im Heinrichshof gegenüber der Wiener Staatsoper, während die deutschen Truppen über den Ring marschierten.

»Toll«, meinte der Freund bewundernd, »die verstehen es, das Tausendjährige Reich zu demonstrieren ...«

»Schon meglich«, erwiderte Slezak, »aber gegen den Weihrauch und gegen den Knoblauch kann auf die Dauer keiner anstinken!«

Einige Wochen nach dem »Anschluß« sandte Göring an die Wiener Staatsoper einen Beamten des Luftfahrtministeriums zum Vorsingen. Neben Direktor Erwin Kerber fand sich auch Knappertsbusch ein, der damals eine Art künstlerischer Mitdirektor ohne Titel am Ring war.

Der Beamte, ein Tenor, sang »Ach, wie so trügerisch« und das »eiskalte Händchen«, und am Klavier begleitete ihn der Korrepetitor Meid, ein kleines, zartes Männchen, mit Hingebung.

Als der Tenor zu Ende war, erhob sich Kna und schlug vor: »Na, und nu wollen wir mal Herrn Göring unsern Meid als Fliegergeneral empfehlen!«

Im Juni 1939 sang Hans Hotter an der Wiener Staatsoper in der ›Salome‹ den Jochanaan. Es war sein erstes Auftreten in Wien. Knappertsbusch dirigierte. Hotters Mutter saß unter den Zuhörern und belauschte nach der Aufführung folgendes Zwiegespräch im Stehparterre:

»Na, was sagst zu der Batzen-Stimm' von dem Nackerten?!«

»Was haaßt Stimm'? Hast den seine Arm' gsegn? Des wär' a Hacken für unsern Donau-Ruderklub!«

Kurz vor Ausbruch des Zweiten Weltkrieges dirigierte Karajan in der Berliner Staatsoper die ›Meistersinger‹ in Gegenwart des »Führers« und – wie immer – auswendig. Rudolf Bockelmann, der den Sachs sang, war indisponiert und wiederholt nahe daran, die Vorstellung zu »schmeißen«. Karajan hatte alle Mühe, sie über die Runden zu bringen. Das merkte sogar der »Führer«, der – die Situation verkennend – beleidigt anordnete: »Der österreichische Fant soll sich gefälligst die Partitur aufs Pult legen, wenn er Wagner dirigiert!«

Bei den Vorbereitungen zur Wiener Premiere von Richard Strauss' ›Friedenstag‹, die im Juli 1939 zum 75. Geburtstag des Meisters unter Clemens Krauss stattfand, wurde Hans Hotter, dem die männliche Hauptrolle anvertraut war, wieder einmal von seinem chronischen Heuschnupfen überfallen, so daß er bei der Generalprobe nur markierte.

Nachher kam Strauss zu ihm in die Garderobe und umarmte ihn voll des Lobes.

»Aber ich habe doch gar nicht gesungen!« wehrte sich Hotter.

»Das macht nix«, tröstete ihn der Meister höchst aufgeräumt, »ich hab' schon gehört, wie's klingen wird, wenn's einer singt!«

Als Richard Strauss in Wien seinen 75. Geburtstag beging – Clemens Krauss brachte den ›Friedenstag‹ zur Erstaufführung –, stellte sich auch Goebbels unerwartet zur Feier ein – man gab einen Empfang im Hotel Imperial – und apostrophierte den Meister mit den Worten: »Jetzt haben wir das Denkmal von Mendelssohn-Bartholdy doch einschmelzen lassen.«

Strauss stutzte nur kurz, dann antwortete er lakonisch: »Also doch eine Kanone!«

Einmal begegneten Leopold Reichwein und Hans Knappertsbusch einander vor dem Direktionszimmer Erwin Kerbers. Fragte Reichwein: »Na, haben Sie gestern meinen ›Tristan‹ gehört?«

Darauf Kna, wie aus der Pistole geschossen: »Ach, haben Sie auch einen geschrieben? Wußte ich gar nicht!«

Als Rudolf Wagner-Régeny, dessen Oper ›Johanna Balk‹ 1941 im Rahmen einer festlichen Woche in der Wiener Staatsoper uraufgeführt und weidlich ausgepfiffen wurde, nach der turbulenten Premiere sein Hotel betrat, legte man ihm den Meldezettel vor.

Der Komponist zückte verdrossen seine Füllfeder und schrieb: »Rudolf Wagner-Régeny, Akkordarbeiter.«

Im Zweiten Weltkrieg schrieb Slezak in einem Brief, der über die Schweiz geschmuggelt wurde, vom Tegernsee an seinen Sohn nach Hollywood:

»Das Bier ist bereits so dünn, daß ich an den Braumeister vom Löwenbräu geschrieben habe, er solle mir bitte die Farbe schikken, das Wasser habe ich selber ... Im übrigen hat sich soeben herausgestellt, daß es im achten Jahrhundert bereits Nazis gegeben hat, denn man hat in etruskischen Gräbern Sammelbüchsen gefunden.«

Im November 1941 feierte man in der Wiener Staatsoper die »Mozartwoche des Deutschen Reiches« (zum 150. Todestag des Meisters). Zur Eröffnungsvorstellung – man gab eine neuinszenierte ›Entführung‹ unter Böhm – fand sich Goebbels ein. Neben ihm in der Loge saßen Gerhart Hauptmann, Richard und Pauline Strauss. In der Pause gab es großen Empfang im Teesalon. Wandte sich Pauline an Goebbels: »I geb' morgen an großen Tee bei mir, Herr Doktor … Hätt' Ihnen so gern eing'laden. Aber i hab' ja kan Platz mehr!«

Der prominente österreichische Heldentenor Hans Beirer wurde 1943, mitten im Krieg, ans Deutsche Opernhaus Berlin verpflichtet, obgleich er Obergefreiter bei der Wehrmacht war. Und das kam so: Der Soldat Beirer war Kraftfahrer und bekam den Befehl, General Kaufmann, der an die russische Front abging, zum Stettiner Bahnhof zu fahren. An seine Dienststelle zurückgekehrt, setzte er sich ans Feldtelephon und ließ sich mit Direktor Schmidt-Isserstedt vom Deutschen Opernhaus Berlin verbinden:

»Hallo, Direktor, hier General Kaufmann, jawohl, General Kaufmann … Hören Sie, mein Bester, ich habe hier einen Gefreiten, 'nen gewissen Hans Beirer, der eine höchst passable Tenorstimme hat … ja, ja, Sie hören recht, prima Tenorstimme … Wollen Sie sich den Mann nicht einmal anhören!!«

Direktor Schmidt-Isserstedt war von dem musischen General derart angetan, daß er ihn in ein halbstündiges Gespräch verwikkelte, das mit der Aufforderung endete: »Also gut, schicken Sie mir den Mann umgehend zum Vorsingen!«

Der Obergefreite Beirer ließ sich das nicht zweimal sagen. Er fuhr nach Berlin, meldete sich bei Schmidt-Isserstedt, empfohlen von General Kaufmann, der an der Ostfront sei, sang eine Szene aus der ›Verkauften Braut‹ und wurde, mit Arbeitsurlaub von der Wehrmacht freigestellt, an das Deutsche Opernhaus verpflichtet.

Sooft er dem Direktor im Haus oder auf der Bühne begegnete, erkundigte sich dieser auf das wärmste nach dem reizenden General Kaufmann. Bis es Beirer zu dumm wurde und er dem Direktor mit betrübter, aber gefaßter Miene mitteilte, daß der General an der Ostfront gefallen sei. Beider Schmerz war groß.

Sechs Jahre später traf der Sänger den Dirigenten Schmidt-Isserstedt im Zug und erzählte ihm die ganze Geschichte. Der amüsierte sich darüber so sehr, daß er die Story allen seinen Bekannten weitererzählte. So erfuhr sie auch die Direktrice des Hotels »Vier Jahreszeiten« in Hamburg, dem ständigen Absteigquartier Beirers, die den Künstler eines Tages im Jahre 1967 mit der Nachricht begrüßte: »Herr Kammersänger, ich bin eine alte Bekannte von General Kaufmann, der keineswegs in Rußland gefallen ist. Er lebt noch heute, ist 80 Jahre alt und läßt Sie grüßen, auch wenn er sich an den Obergefreiten Beirer mit bestem Willen nicht mehr erinnern kann ...«

In der Bayerischen Staatsoper München wurde 1942 Wagners ›Rheingold‹ neu einstudiert. Der Heldenbaß Georg Hann sang erstmals den Wotan. Bei der ersten Sitzprobe mit Klavier kam man zu jener Szene, wo Wotan und Loge nach Nibelheim hinabsteigen, um Alberich zu überlisten, und der ergrimmte Gott dem schmähenden Schwarzalben unbeherrscht die Worte entgegenschleudert: »Vergeh, frevelnder Gauch!«

Da unterbrach Georg Hann und fragte den Korrepetitor: »Was is denn dös eigentlich, a Gauch? I hab dös Wort nia g'hört.«

Der Korrepetitor erklärte es ihm, und die Szene begann von vorn. Wotan stieß seinen Fluch aus: »Vergeh, frevelnder Gauch!«, worauf Alberich argwöhnisch erwidert: »Was sagt er?!«

Da wandte sich Hann abermals zum Korrepetitor und stellte triumphierend fest: »Na, siegst es, der hat's aa net verstanden!«

Während des Zweiten Weltkriegs dirigierte Clemens Krauss als Chef der Münchner Staatsoper auch Verdis ›Falstaff‹. Georg Hann gab den Falstaff und war nicht gesonnen, bei der ersten Orchesterprobe »alles herzugeben«. Er schlenzte sich mit salopper Gemütlichkeit durch die Partie. Bei jener Szene, wo die lustigen Weiber den Dickwanst in den Wäschekorb bugsieren, meinte Clemens Krauss: »Hann, heute singen S' wie der Weiß Ferdl!«

Da hob sich der bereits geschlossene Korbdeckel wieder in die Höhe, Falstaff steckte sein mit allerlei intimen Wäschestücken dekoriertes Haupt über den Korbrand und rief zum Dirigentenpult: »I hab gar net g'wußt, daß der Weiß Ferdl a so a schene Stimm' hat!« Und warf den Deckel wieder zu.

Im Sommer 1944 verstummte im totalen Krieg das Spiel auf den Opernbühnen. Die Wiener Staatsoper setzte auch hier eine – unfreiwillige – Pointe. Hans Knappertsbusch dirigierte als letzte Vorstellung die ›Götterdämmerung‹. »Der Götter Ende dämmert nun herauf – so werf' ich den Brand in Walhallas prangende Burg«, sang Helena Braun als Brünhilde. Neun Monate später ging das stolze Haus unter dem Hagel der Bomben in Flammen auf . . .

>»Besser eine falsche Linie, als gar keine.«
Clemens Krauss

Nach dem Kriegsende wurde Franz Salmhofer zum neuen Direktor der Wiener Staatsoper ernannt, die es gar nicht mehr gab. Das Haus am Ring war ausgebrannt, fast der ganze Bestand an Dekorationen und Requisiten vernichtet. Salmhofers erstes Ziel war die Wiedereröffnung des altehrwürdigen Theaters an der Wien, das seit 1939 nicht mehr bespielt worden war. Die Fachleute schüttelten den Kopf: total verrückt! Das Gebäude war demolierungsreif. Es gab kein ganzes Fenster, keine Beleuchterbrücke, keinen Rundhorizont. Der Orchesterraum war vermorscht, in den verfallenen Garderoben hausten die Ratten, unter der Bühne züchtete die Hausbesorgerin Champignons (und hielt sich so über Wasser).

Salmhofer ließ sich nicht beirren. Er legte selbst Hand an; die ganze Opernfamilie half ihm dabei: Tänzer und Sänger, Solisten und Choristen betätigten sich als Tischler, Glaser, Tapezierer und Kostümschneider. In wenigen Monaten war das Wrack spielreif.

Am 6. Oktober 1945 wurde das Theater mit ›Fidelio‹ eröffnet. Josef Krips stand am Pult. Anny Konetzni sang die Titelrolle, Paul Schöffler den Pizarro. Kulissen gab es keine; das Haus selbst spielte mit. Die alte Bühnenmauer mit dem riesigen, drohenden Eisentor im Hintergrund, durch die einst der närrische Theatergraf Palffy seine Schönbrunner Elefanten eingeschleust hatte, gab eine eindrucksvolle Gefängnismauer ab. Das größte Problem, die Lichtfrage, wurde auf »diplomatischem« Wege gelöst. Mit Hilfe von Monteuren ließ Salmhofer das Theater an ein russisches Lazarett anschließen. Dafür mußten auf Monate hinaus die Direktionssitze an »Stromfunktionäre« verpfändet werden.

Die ergiebigste Einnahmequelle waren die Goldsessel des Redoutensaales, die man gerettet hatte. Für ihre Miete zahlten die russischen Besatzungsmitglieder Höchstpreise. Alle wollten sie »auf Gold« sitzen. Im ersten Halbjahr gab es zweieinhalb Millionen Reingewinn ...

Vorsingen bei Direktor Salmhofer im Theater an der Wien. Auf der Bühne erscheint ein attraktives Sexbömbchen, blond, vollbusig, hautenger Pullover, und plagt sich redlich mit einer Puccini-Arie. Als sie geendet hat, steigt Salmhofer zu ihr auf die Bretter, tätschelt ihr zärtlich die Wange und sagt bewundernd: »Fesches Figürl ... sauberes G'sichtl ... die Stimm' is a Scherb'n!«

Der nächste Kandidat bei diesem Vorsingen war ein »Heldentenor« mit krummen Beinen und Ehestandswinkeln, der nach Leibeskräften losbrüllte. Hier blieb Salmhofer im Parkett sitzen und rief, noch ehe der Gute geendet hatte, nur das eine Wort auf die Bühne: »Versenkung!«

Salmhofer war ob seiner glänzenden natürlichen Rednergabe ein hochgeschätzter und vielbegehrter Grabredner. Wann immer ein prominentes Mitglied einer der vielen Vereinigungen oder Institute, denen er funktions- oder ehrenhalber angehörte, das Zeitliche gesegnet hatte, immer wurde Salmhofer gebeten, an dessen Grab das Wort zu ergreifen.

So war also wieder einmal eine Grabrede fällig und dies just an einem Vormittag, da es – so erzählt man sich – in der Staatsoper im Theater an der Wien drunter und drüber ging. Es gab nichts wie Absagen erkrankter Sänger, und der Direktor hatte Mühe, die Abendvorstellung unter Dach zu bringen. So kam er erst im letzten Augenblick zur Beerdigung, als der geistliche Herr am offenen Grabe bereits die Einsegnung beendet hatte. Salmhofer bestieg ungesäumt den Hügel und hielt eine Rede, daß den tieftrauernd Hinterbliebenen die Knie weich wurden. Ergriffen drückte der Präsident des Vereins dem Redner beide Hände. Salmhofer klopfte ihm väterlich tröstend auf die Schulter und fragte: »Jetzt sagen S' mir aber, wer war denn eigentlich der Tote?«

Nach einer anderen Version soll er den ergriffenen Präsidenten gefragt haben: »Und jetzt verraten S' mir, wo ist da der nächste Heurige?«

Kurz nach dem Zweiten Weltkrieg gab es am Teatro Colon in Buenos Aires eine glanzvolle ›Tristan‹-Premiere. Kirsten Flagstad sang die Isolde, Set Svanholm den Tristan, Hans Hotter den Kurwenal, Ludwig Weber den König Marke. Am Pult stand Erich Kleiber, damals musikalischer Chef des Theaters. Nach der

Aufführung gab es zahllose Vorhänge. Als Kleiber auf die Bühne kam und den Sängern dankte, meinte einer: »Na, wir werden ja sehen, was die Kritik morgen schreibt. Hier soll es, hör' ich, noch gewisse Ressentiments gegen deutschsprechende Sänger geben.«

»Ach was, kümmert euch nicht drum«, riet Kleiber. »Macht es einfach so wie ich: Ich rühre nie eine Zeitung an. Im übrigen gehen wir morgen gemeinsam aus«, fügte er hinzu, »ruft mich doch um 10 Uhr an.«

Als sie am anderen Morgen, wie vereinbart, bei Kleiber anläuteten, meldete sich eine Knabenstimme: »Nein, der Papito ist nicht da. Er wird aber gleich wieder kommen. Er ist nur einen Sprung hinuntergegangen, Zeitungen holen ...«

Hotters erstes Gastspiel in England fand nicht auf der Bühne, sondern im Rundfunk statt. Bei der BBC hatte er einige Lieder zu singen. Es war kurz nach dem Zweiten Weltkrieg. Hotter war drüben noch so gut wie unbekannt und sein Englisch recht lückenhaft.

Als er am Morgen nach seiner Ankunft eine Zeitung in die Hand bekam, traute er seinen Augen nicht. Da stand auf der ersten Seite ein Artikel mit der Riesenüberschrift:

»Hotter in London and more to come.«

Verblüfft und geschmeichelt dachte er bei sich: »Die guten Londoner! Wie die nur herausbekommen haben, daß ich da bin? Und gleich auf der Titelseite!« Aber dann klärte sich der Irrtum auf: »Heißer in London, und es wird noch mehr Hitze kommen«, das hatte die Zeitung vermelden wollen.

Als der 83jährige Richard Strauss im ersten trostlosen Nachkriegsjahr 1946 in einem Interview gefragt wurde: »Und was sind Ihre Pläne für die Zukunft?«, da antwortete er lakonisch: »Na, sterben halt!«

Im Sommer 1948 leitete Karl Böhm die Proben für eine ›Aida‹-Premiere in Graz. Ljuba Welitsch sang die Titelrolle, Miltiades Caridis, damals noch am Beginn seiner Karriere, hatte die heikle Aufgabe, die Bühnenmusik zu dirigieren. Das klappte nicht gleich, und Böhm rief indigniert auf die Bühne: »Was ist denn los? Warum patzen S' denn so viel?«

Caridis trat an die Rampe und erklärte: »Die Aida-Bühnenmusik zu dirigieren ist kein Kinderspiel. Vielleicht erinnern Sie sich noch daran, Herr Doktor, wie Sie das einmal gemacht haben!«

»Na, Sie Antworter«, replizierte Böhm, »können Sie außer antworten noch was?«

Darauf Caridis: »O ja, zum Beispiel, ›Aida‹ dirigieren!«

Seinen ersten Parsifal sang Hans Beirer 1949 in Rom in einer denkwürdigen Besetzung. Maria Callas verkörperte die Kundry, der junge Siepi den Gurnemanz, Tulio Serafin, damals schon ein betagter Herr, aber immer noch ein leidenschaftlicher Verehrer der Damen, dirigierte.

Als es in einer Probe des 2. Aufzuges zu jener entscheidenden Szene kam, wo Kundry den reinen Toren Parsifal mit einem Kuß »wissend« macht, gab es auf der Bühne gewisse »Ladehemmungen«. Die Szene wollte nicht recht überzeugen und mußte mehrmals wiederholt werden.

Tullio Serafin sah sich das vom Pult aus eine Weile an, dann ging ihm jäh das Temperament durch. Er stürzte auf die Bretter, stieß Parsifal zur Seite und schloß mit dem Ausruf »So küßt man!« die Kundry leidenschaftlich in die Arme.

Als Beirer bescheiden einwandte: »Aber, Maestro, hier küßt nicht Parsifal die Kundry, sondern umgekehrt!«, schlug Serafin mit der Hand heftig durch die Luft: »Egal! Der Mann ist immer aktiv!!«

Franz Salmhofer war nicht nur als Direktor der Wiener Staatsoper und Volksoper in den Jahren nach dem Zweiten Weltkrieg, sondern auch als Bühnenkomponist erfolgreich. Seine Ballette (›Österreichische Bauernhochzeit‹, ›Der Taugenichts in Wien‹) sowie seine eingängigen Volksopern (›Das Werbekleid‹ und ›Iwan Tarassenko‹) gingen sämtlich über die Bretter des Wiener Hauses.

Clemens Krauss, einmal um seine Meinung über die Bühnenwerke Salmhofers befragt, antwortete diplomatisch: »Schaun S', die Opern vom Salmhofer sind wie eine Volkstracht. Die is' weder modern noch alt. Sie g'fallt einem, oder sie g'fallt einem nicht.«

Eines Tages kam der Bassist und spätere Kammersänger Oskar Czerwenka, eine der Stützen des Wiener Ensembles, zu Direktor Salmhofer ins Theater an der Wien und bat um Erhöhung seiner Gage. Der Direktor versicherte den Sänger mit bewegten Worten seiner allergrößten Sympathie und erklärte, daß er nichts lieber täte, als dessen Bitte zu erfüllen. Ja, sie wäre schon erfüllt, wenn es auf ihn ankäme, aber der Chef der Bundestheaterverwaltung, Ministerialrat Marboe, habe hier zu entscheiden, und der halte beide Hände auf die Taschen. Und zum Beweis dessen ließ sich der Direktor mit dem Ministerialrat verbinden, schilderte mit bewegten Worten Czerwenkas Verdienste um die Wiener Staatsoper, unterstrich dessen Bitte nachdrücklichst und mit heiligem Eifer, aber Marboe schien hart zu bleiben, so daß der Direktor schließlich bedauernd und resigniert den Hörer auf die Gabel legte: »Du siehst, lieber Freund, ich habe getan, was ich konnte, aber leider war alle Liebesmüh' vergebens, der Marboe ...«

In diesem Augenblick klopfte es an die Tür, der Direktionsdiener trat ein und meldete mit lauter Stimme: »Herr Ministerialrat Marboe ist eingetroffen und wartet draußen!«

Salmhofer-Premiere in der Wiener Volksoper. Man gibt die heitere Dialektoper ›Das Werbekleid‹ des Direktors, der selber am Pult sitzt. Die Hauptrollen singen Sena Jurinac und Oskar Czerwenka. Nach der Aufführung kommt Salmhofer in Czerwenkas Garderobe, umarmt ihn und überschüttet ihn mit Lob: »Deine heutige Leistung muß mit goldenen Lettern ins Buch der Volksoper eingeschrieben werden ...«, und ohne abzusetzen fährt er in jovial gelockertem Ton fort: »... Schau dir die Partie a bisserl an, im zweiten Akt hast g'schmissen!«

Um diese Zeit erschien auch eine Salmhofer-Schallplatte, von Oskar Czerwenka besungen. Rief der Direktor den Sänger an: »Also, lieber Freund, hinreißend, wie du das singst! Einfach hinreißend! Diese Farbskala in der Stimme, diese Nuancierung im Vortrag, grandios! Meine Frau sagt, das ist keine Stimme, die Orgel der Menschlichkeit beginnt zu tönen ...« Pause. »... Das eine hohe Es is a bisserl steif!«

Ein junger Kapellmeister stürzte in heiligem Grimm zu Salmhofer ins Direktionszimmer: »Herr Direktor, Sie haben mir doch versprochen, daß ich die nächste Premiere bekomme. Und heute früh sitze ich im Bad und lese in der Zeitung, daß sie dieser Mensch dirigieren wird!«

Da hob Salmhofer seinen rechten Zeigefinger und sagte gemütlich belehrend: »Siehst du, mein Lieber, das kommt davon, wenn man im Bad Zeitung liest!«

Oskar Czerwenka wollte eigentlich Maler werden und begann auf väterlichen Wunsch das Studium auf der Hochschule für

Welthandel, das ihm gar nicht behagte. Also begab er sich ans Landestheater in Linz, um vorzusingen. Dort vertröstete man ihn auf die nächste Saison. Inzwischen aber wären die Prüfungen an der Hochschule fällig gewesen. Also versuchte es Czerwenka gleich auch in Graz. Der Zufall war ihm hold: Direktor Helmut Ebbs suchte gerade dringend einen Bassisten. Im Parkett saß der damalige Grazer Opernchef Hans Swarowsky und forderte den Kandidaten auf: »Singen Sie aus der Partie des Sarastro die Stelle mit dem tiefen F – – Gut, können Sie das F nicht verstärken?«

Czerwenka bedauerte.

»Dann singen Sie aus der Partie des Pogner die Stelle mit dem hohen F – – Gut, können Sie den Ton nicht stärker anschwellen?«

Meinte Czerwenka: »Herr Kapellmeister, wenn i des könnt', was Sie wollen, dann tät' i an der Met und net in Graz vorsingen!«

Daraufhin wurde Czerwenka als erster Bassist an die Grazer Oper verpflichtet.

Nachher riet ihm der Opernchef: »Aber den Namen Czerwenka müssen Sie ändern. Der geht am Theater nicht.«

Gelassen erwiderte der junge Sänger: »Wenn Swarowsky am Theater geht, dann geht Czerwenka no lang!«

Zur selben Zeit, als nach dem Tode von Werner Krauß der Ifflandring an Josef Meinrad überging, erhielt Kammersänger Alfred Jerger den Ehrenring der Wiener Staatsoper. In gemütlicher Selbstironie räsonierte Jerger: »Was soll i denn damit anfangen. Hätten s' mir lieber a neuches Gebiß g'schenkt ...«

Daraufhin zeichnete Oskar Czerwenka eine Karikatur: Kollege Jerger reicht am Totenbett seinem Nachfolger das Ehrengebiß der Wiener Staatsoper weiter.

Paul Schöffler, der prächtige Sängerdarsteller der Wiener Staatsoper, gastierte 1950 als Kurwenal in einer ›Tristan‹-Vorstellung an der Covent-Garden-Oper in London. Während des Vorspiels zum 3. Akt hob sich plötzlich der Vorhang um 20 Takte zu früh. Tristan, der ohnmächtig auf dem Krankenbett liegen sollte, stand aufgeregt diskutierend neben dem Regisseur, der aus einer dampfenden Schale Tee schlürfte. Kurwenal lutschte an einem Hustenbonbon und zog sich das Trikot zurecht. Erst das dröhnende Gelächter des Publikums machte sie auf die Panne aufmerksam. Tristan raste zum Lager und fiel eilends in Ohnmacht, Kurwenal, der Getreue, hockte sich raschest mit besorgter Miene an seine Seite. Als es endlich so weit und damit alles in Ordnung war, ließ der Maschinist, der seinen Lapsus inzwischen bemerkt hatte, den Vorhang wieder fallen.

Der 3. Akt fand dennoch statt. Aber ein Unglück kommt selten allein. Der Hirt auf Kareol war ein englischsprechender junger Mann, der offenbar von der Tristan-Story keine Ahnung hatte. Kurz vor der Ankunft König Markes, ehe der Kampf begann, stand er dem getreuen Kurwenal ständig im Wege, bis ihn Schöffler anschrie: »Das ist jetzt ein Kampf! Sie müssen etwas tun!«

Das ließ sich der wackere Hirte nicht zweimal sagen. Er ergriff behende Kurwenals Schwert und schlug dem Frappierten damit wütend ein paarmal über Helm und Schädel. »Hier wütet der Tod!« sang Kurwenal verzweifelt. Das Mißverständnis wurde nie aufgeklärt ...

Josef Witt, der vielseitige Tenor und berühmte Palestrina der Wiener Staatsoper, später deren Erster Regisseur, inszenierte 1950 in Rom den ›Tannhäuser‹. Am Pult saß Hans Knappertsbusch, auf der Bühne assistierte der Chordirektor Conca, ein ebenso versierter wie quicklebendiger Italiener, dessen Allgegenwärtigkeit ans Fabelhafte grenzte. Während der Pilgerchor von rechts nach links über die Bühne wallte, verfolgte er ständig dessen Weg, abwechselnd auf den Dirigenten guckend und dem Chor die Zeichen gebend, kletterte in den Schnürboden, um von dort die Pilger anzufeuern, rannte zuletzt hinter den Kulissen auf die andere Seite und war, als der Chor zur Linken ankam, dort, eifrig gestikulierend, bereits zur Stelle.

Kna besah sich den Zauber eine Zeitlang, dann klopfte er ab und fragte den Regisseur: »Sagen Sie, Witt, ist der Hampelmann am Abend auch da?«

Um diese Zeit lud die Direktion der Covent-Garden-Oper Knappertsbusch ein, in London die ›Salome‹ und – nach einer entsprechenden Pause, die nun einmal vom vornehmen Londoner Publikum gefordert würde – am selben Abend auch noch die ›Elektra‹ zu dirigieren.

Umgehend traf folgendes Telegramm ein:

»Einverstanden dann aber anschließend Götterdämmerung Knappertsbusch.«

Als an der Met ein internationaler Tenor – nennen wir ihn Meyer – gastierte, der zwar ein prächtiges Material besaß, aber ständig mit Intonationsschwierigkeiten zu kämpfen hatte, weshalb er bei der Claque vorsorgte, die ihm fleißig Blumen warf und aus Leibeskräften »Hoch Meyer!!« rief, da meinte Korngold, der längst Filmmusiker in Hollywood geworden war, zu seinem Begleiter: »Warum schreien die Leute eigentlich ›Hoch Meyer‹, sie sollten schreien: ›Zu hoch, Meyer!‹«

Im Januar 1951 dirigierte Furtwängler in der Mailänder Scala den ›Parsifal‹. Otto Edelmann sang den Amfortas. In einer Probe unterbrach Furtwängler und fragte den Kammersänger: »Herr Edelmann, Sie singen doch in Bayreuth den Sachs unter Karajan? Können Sie die Partie schon auswendig?«

Und als Edelmann bejahte, nickte Furtwängler bedeutungsvoll: »Das müssen Sie auch, denn der Karajan dirigiert auch auswendig.«

Bei der gleichen ›Parsifal‹-Aufführung sang Martha Mödl ihre erste Kundry, Hans Beirer sollte die Titelrolle verkörpern. Es war seine erste Begegnung mit dem großen Dirigenten, den er so sehr verehrte, daß er bei der Klavierprobe vor Aufregung die ganze Partie vergaß.

Daraufhin schickte Furtwängler alle anderen mitsamt dem Korrepetitor aus dem Zimmer, drückte den Tenor in einen Stuhl und redete ihm begütigend zu: »Lieber Herr Beirer, Sie können die Partie. Ich weiß es. Sie haben doch den Parsifal schon mit Böhm in Neapel gesungen. Sie sind bloß ein wenig nervös ... also, kommen Sie ...«

Er setzte sich selbst ans Klavier und begann mit Beirer zu studieren, der im Nu alle Nervosität verlor. Die Partie war sofort wieder »da«, alles ging prächtig. Nach einer Stunde erhob sich Furtwängler, klopfte dem Künstler leicht auf die Schulter und sagte: »Na also ... Und wenn ich bei den kommenden Orchesterproben einmal vom Pult aus auf die Bühne hinaufdonnern sollte, dann lassen Sie sich nicht irritieren. Ich mein's nicht so und bin gleich wieder gut!«

Im Sommer 1952 sang Otto Edelmann in Bayreuth den Sachs unter Knappertsbusch. Im 2. Aufzug, an jener Stelle, wo es im Zwiegespräch mit Evchen heißt: »Hatt' einst ein Weib und Kinder genug«, verdrehte Edelmann den Satz und sang: »Hatt' einst ein Kind und Weiber genug!«

Kna ließ den Stab sinken, feixte zur Bühne hinauf und knurrte: »Na, na, Mensch, übernimm dich nicht!«

Wieland Wagner nannte einmal das ›Rheingold‹ seines Großvaters scherzhaft die »Tragödie der Baufirma Fafner und Fasolt«.

Als Kna davon hörte, soll er geknurrt haben: »Und aus der Pleite zieht das A ... loch Nutzen!«

Die Wiener Malerin Reny Lohner porträtierte in den fünfziger Jahren Kammersänger Alfred Jerger in einer seiner Glanzrollen als Kardinal Borromeo in Pfitzners ›Palestrina‹. Nach der anstrengenden Sitzung wollte die Künstlerin die Gemüter mit einer Schale selbstgebrauten Mokkas auffrischen. Der Kammersänger nahm ihr galant die Kaffeemühle aus der Hand, hockte sich auf das Sofa, klemmte das Ding zwischen die Knie und begann eifrig zu mahlen. In diesem Augenblick kam das Dienstmädchen mit den Mokkatassen ins Atelier, blieb erstarrt stehen, blickte entgeistert auf den Kaffee reibenden Kardinal und stotterte schließlich, hochrot im Gesicht: »Entschuldigen S', Eminenz ...«

Kammersänger Erich Kunz, immer zu Späßen aufgelegt, ist als Imitator seiner Kollegen ebenso geschätzt wie gefürchtet. Bei einer ›Don Giovanni‹-Probe unter Karl Böhm in der Wiener Staatsoper unterhielt er die Donna Anna und die Zerline hinter den Kulissen so gut, daß die beiden in lautes Gelächter ausbrachen. Böhm klopfte ab und sah auf die Bühne. Dort stand ganz allein der Masetto, Walter Berry, was Böhm zu der Bemerkung veranlaßte: »Immer ist es der Berry, der mir die Proben stört!«

Als ihn der Regisseur aufklärte: »Das war nicht der Berry, sondern der Kunz!«, erwiderte Böhm: »Das weiß ich eh. Aber ich kann dem Kunz nichts sagen. Der macht mich doch gleich nach!«

1953 dirigierte Karajan in der Mailänder Scala den ›Rosenkavalier‹ mit einem vorwiegend aus Mitgliedern der Wiener Staatsoper bestehenden Ensemble. Elisabeth Schwarzkopf sang die Marschallin, Otto Edelmann den Ochs, Erich Kunz den Faninal. Bei einer Bühnenprobe, die sich in die Länge zog, wurde Kunz müde; sein stets virulenter Humor ließ fühlbar nach.

Da unterbrach Karajan die Probe und meinte zu Kunz: »Sagen Sie, wo bleibt eigentlich Ihr sprichwörtlicher Humor? Glauben Sie, wir haben Sie hier zum Singen engagiert?«

Bei den Vorbereitungen zu dieser Mailänder Premiere erlebten die Sänger Karajan »einmal ganz anders«. Nachmittags um 6 Uhr war eine Probe angesetzt. Die Ensemblemitglieder fanden sich pünktlich im engen Probenzimmer ein und warteten. Es wurde 10, es wurde 20 Minuten nach 6, Karajan kam nicht. Da beschlossen die Sänger: »Wir gehen!« In dem Augenblick hörten sie Schritte. Rasch knipste Erich Kunz den Lichtschalter aus und bedeutete seinen Kollegen, sich hinter den großen Fauteuils zu verstecken.

Die Tür geht auf, Karajan schaut herein. Niemand rührt sich. Die Tür geht wieder zu. Und dann ist nichts mehr zu hören.

Kunz schleicht sich auf Zehenspitzen zum Lichtschalter und knipst an. Und traut seinen Augen nicht. Mitten im Zimmer auf dem Teppich hockt Karajan und grinst schadenfroh. Die ihn hereinlegen wollten, hat er selbst hineingelegt.

Vor seinem Abflug nach Mailand begegnete Erich Kunz seinem Freund Dr. Bruno Fichtinger, der ihn um die Gastspielreise beneidete: »Das muß doch ein aufregendes Gefühl sein, sich auf den Mailänder Plakaten neben Karajan und der Schwarzkopf in Riesenlettern gedruckt zu sehen!«

»Ach, es geht ...« meinte Kunz.

In Mailand ließ ihn Karajan rufen: »Der italienische Notar, den sie mir da geben wollen, paßt mir gar nicht. Wollen Sie nicht, lieber Kunz, zum Faninal noch die kleine Partie des Notar dazunehmen, natürlich gegen zusätzliches Honorar ...«

Kunz erklärte sich einverstanden: »Aber den Notar unter einem Pseudonym.«

»Ja, ja, das machen Sie sich oben mit der Regiekanzlei aus.«

Kunz ging in die Regiekanzlei und gab seinen Wunsch bekannt.

»Si, si, bene! Welchen Namen wählen Sie?«

»Bruno Fichtinger!«

Als die Plakate erschienen, verpackte Kunz ein Exemplar und sandte es an seinen Freund nach Wien mit dem Kommentar: »Du siehst, lieber Freund, es ist gar nicht so schwer, neben Karajan und der Schwarzkopf auf einem Scala-Plakat in Riesenlettern gedruckt zu stehen!«

Vier Jahre später gab es wieder ein ›Rosenkavalier‹-Gastspiel an der Scala. Wieder unter Karajan; wieder mit Kunz als Faninal. Dieser erinnerte sich an die Notar-Geschichte, ging zu Karajans Sekretär Mattoni und schlug ihm vor: »Eigentlich könnte ich ja auch diesmal wieder den Notar ›mitnehmen‹«.

Mattoni gab den Vorschlag schriftlich an die Direktion der Mailänder Scala weiter. Am andern Tag traf von dort ein Telegramm ein:

»Kunz abgelehnt stop möchten wie vor vier Jahren Bruno Fichtinger als Notar.«

Im Januar 1955 debütierte Otto Wiener als Don Giovanni in der Wiener Staatsoper, die damals noch im Theater an der Wien hauste. Es gab eine Glanzbesetzung – Ludwig Weber sang den Komtur, Julius Patzak den Ottavio, Erich Kunz den Leporello –, und Wiener hatte entsprechendes Lampenfieber. Aber es ging alles vortrefflich. Don Giovanni war so prächtig bei Stimme, daß er in der letzten Szene, wo der unverbesserliche Held trotz aller drohenden Ermahnungen mit einem dreimaligen »No, no, no!!« seine Hand aus der eisernen Umklammerung des Steinernen Gastes losreißt und quer über die Bühne bis zur Tafel hingleitet, ein hohes A einlegte.

In dem Augenblick hörte er die Stimme Leporellos, der schlotternd unter dem Tisch lag: »Hörst, bist blöd?! Des hohe A singt doch bei uns ka Mensch!«

In seiner Anfängerzeit an der Wiener Staatsoper wurde der Eleve Walter Berry, der direkt von der Musikakademie gekommen war, in kleinen und kleinsten Rollen erprobt. So hatte er in der Erstaufführung von Honeggers ›Jeanne d'Arc‹ eine winzige Partie als Mönch zu singen. Saßen zwei bekannte Damen von ihm im Parterre, um zu kiebitzen.

Rief die eine plötzlich: »Schau, der Berry!«

Die andere: »Wo?«

Die erste: »Is scho weg!«

Neueinstudierung von ›Figaros Hochzeit‹ in der Wiener Staatsoper. Mit Walter Berry in der Titelrolle, Oskar Czerwenka als Dr. Bartolo und Murray Dickie als Basilio. Und mit einem Regisseur, der mit Einfällen nicht gerade gesegnet war. Das merkten die drei und beschlossen für sich, einfach wie gewohnt drauflos zu spielen. Die Szene geriet bestens. Rief der Regisseur aus dem Parkett: »Ausgezeichnet, meine Herren, das machen wir gleich noch einmal, daß es sitzt.«

Darauf Czerwenka mit sonorem Baß: »Das sitzt bereits seit zwanzig Jahren!«

Es war in einer ‹Figaro›-Aufführung der Salzburger Festspiele. Christa Ludwig sang den Cherubin. Ihr Gatte Walter Berry saß in einer Loge und hörte zu. Neben ihm saßen zwei junge Amerikaner, die auf ihn den Eindruck machten, als wären sie zum ersten Mal in einer Opernvorstellung. Der zweite Akt hatte begonnen, Cherubin sang eben seine zweite Arie zu Ende, da haute sich der eine Amerikaner auf den Schenkel und konstatierte lautstark: »I can't help, but this Cherubin looks like a girl!«

Karl Böhm, Generalmusikdirektor von Österreich, kann gegen zweite Besetzungen im Orchester sehr allergisch und mit jungen, von ihm noch nicht erprobten Neulingen am Pult sehr ungnädig sein. Fand er einmal bei einer ›Figaro‹-Probe in der Staatsoper zu seinem größten Mißvergnügen am Cembalo einen neuen Musiker vor, der mit seinen Gepflogenheiten und Tempi noch nicht vertraut war. Beim ersten Schnitzer zuckte er zusammen, beim zweiten schüttelte er indigniert den Kopf, beim dritten aber klopfte er jäh ab und fuhr den Jüngling sarkastisch an: »Sie, hören S', das Schwarze sind die Noten!«

Kammersängerin Mimi Coertse, geboren in Durban, Provinz Natal in Südafrika, aufgewachsen in Johannesburg, Besitzerin einer Farm bei Pretoria, wurde als Studentin der Wiener Musikakademie im Januar 1955 vom Regisseur Josef Witt als Blumenmädchen für eine ›Parsifal‹-Aufführung in Neapel engagiert. Karl Böhm am Dirigentenpult, wie immer empfindlich gegen Anfänger, entdeckte sofort das neue Gesicht und fragte mißtrauisch: »Wer ist denn das? Wo kommen Sie denn her?«

»Aus Südafrika«, gestand die Coertse.

Meinte Böhm wegwerfend: »Aber das gibt's doch net. Sie san doch gar net schwarz!«

Während einer Probenpause in der Wiener Staatsoper kamen die Sänger mit Karl Böhm ins Gespräch, dessen Sohn eben den Beethovenfilm drehte. Ein Chorist wollte wissen, ob denn der Sohn die schwierige Rolle des Titanen »derpacken« würde.

»Na hören S'«, erwiderte Dr. Böhm, »der Karlheinz, wie der das macht, einfach großartig! Der lebt sich so hinein, daß er sogar schon schlecht hört. Hoffentlich gibt sich das wieder!«

Beim Wiederaufbau der Wiener Staatsoper im Jahre 1955, als man daranging, das erhalten gebliebene, aber durch Feuereinwirkung schwer beschädigte Foyer mit den Operndarstellungen Moritz von Schwinds in alter echtgoldener Pracht wiederherzustellen, sandte ein leidenschaftlicher Opernfreund seinen Ehering an Direktor Böhm und schrieb dazu: »Ich habe mich von meiner Frau scheiden lassen. Jetzt möchte ich mich mit der Staatsoper verheiraten.«

Für die Eröffnungsfeier der wiederaufgebauten Wiener Staatsoper wurde unter anderem auch Alban Bergs ›Wozzeck‹ neu inszeniert. Böhm, neudesignierter Direktor des Hauses, dirigierte. Walter Berry sang erstmals die Titelrolle und hatte mit der schwierigen Partie natürlich seine Mühe, so daß es falsche Einsätze gab.

Böhm klopfte ab und fragte den Sänger, der im Privatleben Brillenträger ist: »Sagen Sie, sehen Sie mich nicht?«

»Doch«, erwiderte Berry, »aber es wär’ mir schon recht, wenn Sie etwas größer dirigieren würden.«

Meinte Böhm: »Na, das geht nicht. Wenn ich größer dirigier’, spielt ja das Orchester lauter!«

Schlug der Sänger vor: »Dann dämpfen Sie das Orchester mit der linken Hand.«

Aber das war Böhm zuviel: »Jetzt gibt mir der gar Dirigier-Unterricht!«

Die ›Wozzeck‹-Probe geht weiter. Berry verpaßt seinen Einsatz und entschuldigt sich: »Ich habe gedacht, Herr Doktor, Sie geben mir den Einsatz.«

Böhm: »Ja, ich hab’ da noch andere Sachen zu tun. Ich kann Ihnen nicht jeden Einsatz geben.«

Die Probe geht weiter. Berry hängt abermals.

Böhm: »Was ist denn jetzt wieder?«

Berry: »Ich habe halt meinen Einsatz nicht erwischt.«

Darauf Böhm indigniert: »Na, so schaun S’ doch auf mich, ich geb’ Ihnen sowieso jeden Einsatz!«

Hinter Dr. Böhm saß während der Probe in der ersten Parkettreihe ein Kapellmeister und machte sich eifrig Notizen. Böhm merkte das und fragte: »Sag’n S’, was schreib’n S’ denn da?«

»Ich notiere die Fehler der Sänger«, erwiderte der Kapellmeister.

»Das brauchen S’ net«, wehrte Böhm ab, »es is eh alles falsch!«

Karl Terkal, der ehemalige Tischlergeselle mit dem tenoralen Gold in der Kehle, den die Wiener Staatsoper fast von der Drehbank weg verpflichtete, hatte anfangs seine liebe Not mit schwierigen Einsätzen. Als er in der Eröffnungswoche des wiederaufgebauten Hauses am Ring 1955 in der Premiere der ›Frau ohne Schatten‹ unter Böhm eine der geheimnisvollen Stimmen hinter der Bühne zu singen hatte, postierte er sich, möglichst nahe dem Orchester, in die rechte Seitengasse, um durch ein Guckloch spähend Böhms Einsatz zu empfangen.

Als das mißlang, lief Terkal auf die andere Seite, um mit dem dortigen Guckloch sein Glück zu versuchen. Aber es klappte wieder nicht. Da meinte Böhm resigniert: »Seh'n S', Herr Terkal, es is ganz wurscht, aus welchem Loch Sie singen ...!«

Im Frühjahr 1957 absolvierte Franz Bauer-Theussl mit Lehárs ›Land des Lächelns‹ sein Informationsgastspiel an der Wiener Volksoper, deren erster Dirigent er heute ist. Vorher präsentierte er sich Direktor Salmhofer und versprach feierlich: »Ich werde mich sehr bemühen und alles hergeben, was ich habe!«

Darauf klopfte ihm Salmhofer väterlich auf die Schulter und meinte trocken: »Na, vielleicht geht's auch mit der Hälfte!«

Im selben Jahr gab es in der Wiener Volksoper eine ›Martha‹-Premiere mit den Damen Coertse und Malaniuk sowie den Herren Kmentt und Czerwenka in den Hauptrollen. Franz Bauer-Theussl dirigierte. Direktor Salmhofer saß am Regietisch und überwachte die Aufführung bei der Hauptprobe. Nun war vor dem letzten Bild ein rasanter Kostümwechsel zu bewältigen. Die beiden Damen, eben noch im Reitkleid mit Perücke, hatten sich innerhalb zwei Minuten in Mägde zu verwandeln.

Bauer-Theussl gab den Einsatz, aber die Damen erschienen nicht.

»Was ist los!« rief Salmhofer auf die Bühne.

»Die Damen sind noch nicht fertig!« erläuterte der Regieassistent.

»Dann sollen sie kommen, wie sie sind«, schrie Salmhofer zurück. »Zwei Damen im Negligé san mir lieber wie a Männerchor!«

Kapitel X
Die heimliche und die unheimliche Ehe
Die Wiener Staatsoper mit und ohne Karajan

> »Die aufgeblasene, zum Anachronismus
> gewordene ›Kunstform des Bürgers‹, ge-
> nannt Oper, läßt Luft ab und geht auf
> Stromlinie.«
> *›Der Spiegel‹ zum Amtsantritt Karajans*

Als Herbert von Karajan am 12. Juni 1956 vor einem glänzenden
internationalen Festwochenpublikum mit einem von ihm nicht
nur dirigierten, sondern auch inszenierten rein italienischen
Gastspiel von Donizettis ›Lucia di Lammermoor‹ an der Spitze
eines Ensembles der Mailänder Scala seinen triumphalen Einzug
in die Wiener Staatsoper hielt, da sahen die Eingeweihten bereits
das Zeichen des künftigen Wiener Opernchefs auf der Stirne des
Dirigenten und sie deuteten die zweite Darbietung der Mailänder
Gäste als ein Symbol für das Verhältnis Karajans zur Wiener
Oper, »Die heimliche Ehe«, mit wissendem Augurenlächeln.

Als dann acht Jahre später Karajans Wiener Opernherrlichkeit
zu Ende ging und die Co-Direktoren, Karajan und Hilbert,
obgleich Tür an Tür amtierend, nur noch schriftlich miteinander
verkehrten, da ging in Wien die Scherzfrage rundum: »Wißt ihr,
was jetzt in der Staatsoper g'spielt wird?«

»Die unheimliche Ehe.«

Während der Direktion Karajan gastierte der bulgarische Bassist
Boris Christoff als König Philipp in Verdis ›Don Carlos‹ an der
Wiener Staatsoper. Bei der Verständigungsprobe kam es zu hefti-
gen Differenzen zwischen dem Gast und der Regisseuse Marga-
rethe Wallmann, die damit endeten, daß Christoff wütend die
Bühne verließ.

Anschließend empfing ihn Karajan in seinem Direktionszimmer: »Ich höre, es hat Krach gegeben, Herr Christoff. Was war
denn los?«

»Ich kann die Auffassung der Frau Wallmann nicht akzeptie-
ren«, grollte der Star. »Ich spiele die Szene seit zwölf Jahren
so ...«

»Oh, seit zwölf Jahren!« unterbrach ihn Karajan erstaunt, »na,
dann wird's aber Zeit, daß Sie es anders machen!«

Um dem Ansturm der Autogrammjäger zu entgehen, ließ der Staatsoperndirektor Karajan seinen startbereiten Citroën nach den von ihm dirigierten Aufführungen ganz knapp ans Bühnentürl heranfahren, so daß er mit einem raschen Sprung in den Wagen das Freie gewinnen konnte. Das gelang zumeist und dann hatten die andrängenden Fans das Nachsehen und suchten vergebens in jedem abfahrenden Auto ihr Idol. Als der Verehrerschwarm wieder einmal umsonst den Bühnenausgang umlagerte und statt des direktorialen Autos ein Requisitenwagen vorbeifuhr, schrie einer aus der Menge: »Aufhalten, vielleicht sitzt der Karajan zwischen die Kulissen!«

Als Karajan seine Neuinszenierung von Wagners ›Ring‹ in der Wiener Staatsoper mit der ›Götterdämmerung‹ abschloß, stellte er – wie schon zuvor bei der ›Walküre‹ – die Bühnenarbeiter auf eine harte Geduldsprobe. Besonders an der Beleuchtung hatte er immer wieder etwas zu basteln und auszuprobieren, mit dem Ergebnis, daß es auf der Bühne immer finsterer wurde. Nun war wieder eine Probe angesetzt. Karajan erschien und fand – wider die Gepflogenheit – das Auditorium hell beleuchtet. Auf der Bühne aber hatte sich das gesamte diensthabende Personal aufgepflanzt, aus seiner Mitte trat der Betriebsrat Ewald Vondrak gemessen hervor und überreichte dem Chef feierlich einen Lorbeerkranz samt Trauerschleife mit der Aufschrift: »Anläßlich der 75. Beleuchtungsprobe zur ›Götterdämmerung‹ – das gesamte Personal der Staatsoper.«

Bei den Beleuchtungsproben zur ›Frau ohne Schatten‹, die während der Ära Karajan in der Wiener Staatsoper unter der Regie des Chefs neu in Szene ging, drängte der Bühnenbildner Günther Schneider-Siemssen auf Erhellung der Szene. Der Beleuchtungsinspektor gab dem Drängen nach und meinte schließlich: »So, jetzt wär's eigentlich schön hell!«
    Darauf Karajan resigniert: »Jetzt werden die Wiener sagen: ›Na also, seh'n tut er auch nicht mehr ordentlich.‹«

Als dann bei der Hauptprobe zur ›Frau ohne Schatten‹ Karajan, der die Aufführung auch dirigierte, vom Pult aus immer wieder kleine Einwendungen gegen die Inszene vorbrachte, wurde der Bühnenbildner ungeduldig: »Herr von Karajan, wenn Sie vom Dirigentenpult aus auf die Bühne schauen, dann müssen Sie ja die Eingeweide sehen!«

Darauf Karajan gutgelaunt: »Ja, das ist zwar der heikelste und schlechteste Platz, aber der bestbezahlte!«

Bei einer schwierigen und endlosen Beleuchtungsprobe zu Debussys ›Pelleas und Melisande‹ in der Wiener Staatsoper unter Karajan geisterte eine »Raumpflegerin« durch den Orchesterraum und reinigte das Gefilde, ohne von ihrer Umgebung auch nur im geringsten Notiz zu nehmen. Meinte der Maestro mit einem leisen Anflug von Neid: »Die hat's leicht. Der ist es vermutlich völlig egal, ob sie Amati-Geigen oder Abortdeckel abstaubt.«

Bei einer der ›Pelleas‹-Aufführungen, die Karajan selbst dirigierte, versagte in der Sterbeszene am Schluß der berühmte Glockenschlag, der – auf Karajans Wunsch – über den Lautsprecher durch ein Tonband erzeugt wurde. Ergrimmt eilte Karajan auf die Bühne und stellte den Tonmeister zur Rede.

Dieser entschuldigte sich: »Das sind eben die Tücken der Technik!«

Aber da wurde der Maestro sauer: »Bei der Technik gibt es keine Tücken, nur menschliches Versagen! Wenn das im Flugzeug passiert wäre, dann hätten wir bereits vierzig Tote!!«

Die inzwischen weltweit gewordene Gepflogenheit, alle Opern möglichst in der Originalsprache zu bringen, hat Karajan während seiner Direktionszeit in Wien zum Teil gegen den Willen des Publikums und der Presse durchgesetzt. Als er nicht nur Verdi und Puccini auf italienisch, sondern auch Bizet (›Carmen‹) und Debussy (›Pelleas und Melisande‹) auf französisch und schließlich sogar in Salzburg den ›Boris Godunow‹ von Mussorgsky auf russisch bot, bemerkte ein Musiker ingrimmig: »Am Ende kommt's noch so weit, daß der Chef die ›Zauberflöte‹ auf deutsch singen laßt.«

Bühnenbildner Stefan Hlawa, dessen Unpünktlichkeit nur noch durch seine goldene Phantasie übertroffen wird, entwarf die Dekorationen für die Neuinszenierung von Monteverdis ›L'Incoronazione di Poppea‹ an der Wiener Staatsoper. Der Regisseur Günther Rennert steckte bereits tief in der Probe, als Hlawa wieder einmal um Stunden zu spät im Theater erschien.

»Herr Hlawa«, apostrophierte ihn Rennert unwirsch, »Sie sind mir noch den Entwurf für das Lager der Poppea schuldig!«

Hlawa, von den Geistern des Grinzinger Heurigen selig beschwingt, zückte den Bleistift und warf im Nu eine saftige pornographische Skizze aufs Papier. Rollte das Blatt zusammen, steckte es dem Regisseur in die Rocktasche und verließ beflügelt das Haus.

Rennert, eben in ein wichtiges Regiegespräch mit der Sängerin der Titelrolle, Sena Jurinac, vertieft, zog das Blatt aus der Tasche, entrollte es schwungvoll und erklärte: »Und hier, Frau Jurinac, haben Sie den Entwurf für Ihr Lager ...!«

Über die Wirkung schweigt die Geschichte.

Bei einer Probe zur ›Tristan‹-Premiere der Wiener Staatsoper unter Karajans künstlerischer Gesamtleitung im Juni 1956 riß der Isolde, Birgit Nilsson, eine Perlenkette, und die Perlen rieselten auf die Bretter. Die Probe wurde unterbrochen, und die Kollegen halfen, das flüchtig gewordene Geschmeide wieder einzufangen. Auch Karajan, damals noch Direktor des Hauses, beteiligte sich an der Suche. Er fand eine Perle, hob sie auf und meinte zu Isolde: »Das sind aber herrliche Perlen. Die haben Sie sicher von Ihrem Honorar an der Mailänder Scala erworben?«

»O nein«, erwiderte Birgit Nilsson. »Die Perlen sind bloß Imitation. Die habe ich mir von meinem Honorar an der Wiener Staatsoper gekauft!«

Als Walter Berry in einer Wiener ›Tosca‹-Aufführung seinen ersten Scarpia sang, mit Renata Tebaldi als Partnerin, kam es zu einem kleinen Zwischenfall. In dem Augenblick, da ihm Tosca das Messer in die Brust stach, machte Berry eine so heftige Bewegung, daß ihm die Hose von oben bis unten platzte. Geistesgegenwärtig warf er sich seitlich zu Boden und drehte sich ersterbend auf den Bauch. Das störte die Tebaldi. Mit den Worten: »Vor dem da zitterte einst ganz Rom«, drehte sie den Toten auf den Rücken. Als sie das Unheil merkte, war es zu spät. So starb Scarpia, das Kruzifix zu Häupten, die beiden brennenden Kandelaber an den Seiten – »im Freien«.

Zu den Leibrollen von Erich Kunz zählt der Zirkusdirektor in der ›Verkauften Braut‹, der dem humorigen Künstler Gelegenheit zu immer neuen Extempores gibt.

Es war in den Tagen der Karajan-Ära in der Wiener Staatsoper, da der Chef mehr auf Gastspielreisen als im eigenen Hause zu finden war. Die Zirkusszene begann. Direktor Kunz krempelte sich die Hemdärmel auf und setzte mit bebenden Knien an, eine gewaltige Papiermaché-Hantel zu stemmen. Trommelwirbel ertönte. Plötzlich unterbrach Kunz die Attraktion und erklärte: »Meine Damen und Herren, jetzt sehen Sie zum erstenmal einen Direktor in dem Haus, der um die Zeit noch was arbeitet!«

Der Vertrag, den Karajan mit der Mailänder Scala schloß, hatte eine Invasion italienischer Sänger an der Wiener Staatsoper zur Folge. Es gab Wochen, in denen kein deutsches Wort gesungen wurde.

Daraufhin hielt Zirkusdirektor Kunz in seiner Szene folgende Ansprache: »Meine Damen und Herren! Jetzt ham mir so viele sidländische Ginstler. Es sind noch a paar inländische dabei, aber das spielt kane Rolle mehr.«

Hier unterbrach ihn ein »italienischer« Jongleur: »Herr Direktor, jetzt, wo mir so in der Überzahl sind, und Sie uns so überzahlen, kann ich Ihnen nur sagen: das is Mai Land!«

Der »Chef« war wieder einmal außer Haus. Die Presse meldete: »Karajan verbringt zur Zeit seinen Schiurlaub in St. Moritz.«

Zirkusdirektor Springer zog wieder mit seiner Truppe auf die Bühne. Und kommandierte: »Fanfaree!« Der Trompeter blies jämmerlich falsch. Erzürnt stellt Direktor Kunz den Musikanten: »Sie Lackel, wenn das der Chef erfahrt, san S' g'schmissen!«

Darauf nähert sich der Trompeter dem Direktor und flüstert ihm etwas ins Ohr. Der fährt empört auf:

»Sie, das is eine Frechheit! Unser Direktor jetzt schifahren!? Das können S' dem klanen Sankt Moritz erzählen!!«

Kammersänger Oskar Czerwenka, der humorige Van Bett, Ochs und Kezal der Wiener Staatsoper, versteht sich vortrefflich aufs Karikaturenzeichnen. Während der ›Rheingold‹-Proben unter Karajan – Czerwenka sang den Fasolt – fertigte er hinterrücks das Konterfei eines Kollegen an. Karajan bekam das Blatt in die Hand, betrachtete es aufmerksam, fragte nach dem Urheber und meinte erstaunt: »Was, und da singen Sie noch? Kommen Sie in meine Kanzlei! Zeichnen Sie mich, ich sitze Ihnen!«

Worauf Czerwenka in seinem heimatlichen Dialekt erwiderte: »Braucht's net, Herr Chef, i kann Ihna eh auswendig!«

Sieben Jahre später gastierte Oskar Czerwenka in Hamburg, wo aus der noch druckfeuchten Partitur die Uraufführung von Giselher Klebes Oper ›Jakubowsky und der Oberst‹ vorbereitet wurde. Czerwenka verkörperte den Jakubowsky, Gerhard Stolze den Oberst. Günther Rennert führte Regie und das hieß: sechs bis acht Stunden täglich konzentrierteste Arbeit. Vierzehn Tage vor der Premiere sandte der Komponist noch eine Ergänzung zur Partitur: eine acht Seiten lange musikalische Nummer für das vorletzte Bild – den großen Monolog des Jakubowsky von den zwei Möglichkeiten: „Das sind die zwei Möglichkeiten des Jakubowsky: Entweder sperren die Franzosen besagten Jakubowsky ein, weil er keine Papiere hat, oder die Deutschen verschleppen ihn nach Polen. Sperren ihn die Franzosen ein, dann ist es gut; verschleppen ihn die Deutschen nach Polen, dann gibt es wieder zwei Möglichkeiten ...«

Der Monolog war, wie die ganze Oper, im Zwölftonsystem geschrieben und höchst kompliziert. Czerwenka erklärte sich außerstande, das überaus schwierige Stück in den wenigen Tagen neben den immer intensiver werdenden Proben zu lernen.

Was tun? Das Stück einfach zu streichen war unmöglich, weil es gewissermaßen die dramatische Nahtstelle der ganzen Oper war. Da machte Jakubowsky einen Kompromißvorschlag: »Das Orchester spielt die Musik, und ich spreche den Text dazu!«

Und so geschah es. Klebe, der erst wieder zur Hauptprobe erschien, bei der die Aufführung bereits »durchging«, war, als er vor die vollendete Tatsache gestellt wurde, einem Nervenzusammenbruch nahe und mußte aus dem Theater fast hinausgetragen werden. Dann fügte er sich zähneknirschend ins Unvermeidliche.

Am Tag nach der Premiere schrieb die Hamburger Kritik: »Ein schlechthin genialer Einfall ist der Monolog Jakubowskys von den zwei Möglichkeiten. Mit intuitiver Sicherheit hat Klebe den dramatischsten Moment der ganzen Oper erfaßt und auf die seit Beethoven so sehr vernachlässigte Gattung des Melodrams in ebenso bewunderns- wie dankenswerter Weise zurückgegriffen ...«

In der Saison 1963 sang der Wiener Kammersänger Otto Edelmann an der Met den Sachs alternierend mit seinem Kollegen Paul Schöffler. An einem spielfreien Tag – in den ›Meistersingern‹ war Schöffler an der Reihe – wurde er von seinem New Yorker Freund, dem Dollarmillionär, einstigen Boxweltmeister und profunden Shakespearekenner Gene Tunney mit einer illustren Runde zum Lunch geladen. Die Tafel bog sich vor Hummern und Trüffeln, der Whisky floß in Strömen. Edelmann kniete sich tief hinein in alle geistigen Getränke, die der liebe Gott verboten hat, denn heute sang ja Schöffler ...

Das Gelage dauerte bis in den späten Nachmittag. Mit schwerer Schlagseite ließ sich der Kammersänger um 16 Uhr mit einem Taxi ins Hotel befördern. Kaum daß er dort angekommen war, klingelte das Telephon: die Met war am Apparat.

»Hallo, hier Bing! Mister Edelmann, Sie müssen heute abend den Sachs singen. Schöffler hat eine schwere Stimmbandkrise. Die Vorstellung beginnt um 19 Uhr. Good bye!«

Edelmann konnte nur zaghaft »Okay« murmeln, erst dann begriff er allmählich, was ihm bevorstand. Mit dem Mute der Verzweiflung stürzte er sich unter die eiskalte Brause. Seine Gattin braute ihm einen Mokka, der geeignet war, Tote aufzuwecken. Um 19 Uhr stand oder besser schwamm er auf den Brettern. Im Parkett saß seine Frau, saß Schöffler, saßen seine Freunde und hielten krampfhaft beide Daumen. Wie in Trance sang er seine Partie. Es passierte nichts. Die Vorstellung endete mit Ovationen, Jubel und zahllosen Vorhängen. Am andern Vormittag meldete sich Schöffler am Telephon: »Hallo, Otto, bist du's? Wollte dir nur sagen: Bist a klasser Bursch!«

Zehn Minuten später kam ein Telegramm. Edelmann riß es auf und las: »My sister heard you sing ›Hans Sachs‹ last night she thought your performance wonderful you are nominated as the iron man of the year

                                        Gene Tunney«

In den Tagen, als die Doppeldirektion Karajan-Hilbert an der Wiener Staatsoper schon deutlich getrübt war, besuchte Rudolf Bing Wien und sah sich die ›Tosca‹ am Ring an. Karajan dirigierte, Corelli sang den Cavaradossi. Nach der Aufführung saßen Bing und Hilbert im Hotel beisammen. Bing schwärmte begeistert von der Vorstellung: »Karajan war phänomenal, Corelli großartig ...!« Hilbert stimmte pflichtschuldig zu, erklärte aber dem Gast: »Sehen Sie, Herr Bing, das ist das Wunder der Wiener Staatsoper!«

Darauf Bing: »Hören Sie, Herr Hilbert, gestern sah und hörte ich im selben Haus ›Margarethe‹ ... das klang nach St. Pölten. Das war vermutlich auch das Wunder der Wiener Staatsoper?«

Zuletzt ließ sich Karajan in Wien überhaupt nicht mehr sehen, während Hilbert sich mühsam durch die andere Reichshälfte durchkämpfte. Um diese Zeit spielte Otto Schenk den Frosch in der ›Fledermaus‹ – es war die Silvestervorstellung in der Staatsoper – und extemporierte wie immer frisch drauflos. Nach einem tiefen Schluck aus der Schnapsflasche raunzte er schwankenden Beines seinen Gefängnisdirektor an: »Herr Direktor! Ich siech alleweil zwa Direktoren . . . und derweil hab'n mir net amal an!«

Dr. Hilbert, theoretisch seit Herbst 1964, praktisch bereits seit 1963 Alleindirektor der Staatsoper, bestellte Otto Schenk zum Oberspielleiter des Hauses. Schenk schätzt die Improvisation in der Regie und vertraut als echter Wiener gerne der Gunst des Augenblicks. So kann es vorkommen, daß er seine szenischen Anweisungen oft schon im nächsten Augenblick wieder umstößt. Das ärgerte die guten Frankfurter, als er in ihrem Opernhaus den ›Rosenkavalier‹ inszenierte. Sie wollten ihn unbedingt mit deutscher Gründlichkeit und Präzision in seinen Anordnungen festnageln: »Sagen Sie uns doch genau und ein für allemal, was Sie eigentlich wollen!«

Worauf Schenk erklärte: »Ich weiß nicht, was ich will. Was ich auch sag', is falsch. Auf mich is' überhaupt ka Verlaß!« Und ließ die verdutzten Herren stehen . . .

Otto Schenks Improvisationslust ging übrigens auch dem sehr zielbewußten technischen Direktor der Wiener Staatsoper gegen den Strich. Bei einer ›Carmen‹-Neuinszenierung, die Schenk leitete, wollte er dem Regisseur näher auf den Zahn fühlen und dessen Intentionen testen. Aber Schenk wehrte gelassen ab: »Also wenn S' mi unbedingt prüfen wollen, Herr Direktor – i bin scho durchg'fall'n!«

Neuinszenierung von Strawinskys ›The Rake's Progress‹ in der Wiener Staatsoper. Unter Schenks Regie. Man probte gerade das zweite Bild: das Freudenhaus bei Mutter Goose, als Direktor Hilbert erschien und das Ensemble begrüßte. Kniff Schenk ein Auge zu und raunte seinem Regieassistenten zu: »Ja, wenn's wo a Buff gibt, dann is der Direktor glei da.«

Für die gleiche Inszenierung wünschte sich der Bühnenbildner Schneider-Siemssen einen seitlichen Streiflichteffekt. Aber der Beleuchtungsinspektor, seines Zeichens österreichischer Regierungsrat, erklärte, das sei nicht möglich. Schneider-Siemssen ließ sich nicht einschüchtern, sondern stieg auf die Bühne, sah sich die Situation selbst an und fand einen geeigneten Winkel. Er fragte den Beleuchtungsmeister, der dort lehnte: »Sagen Sie, kann man da einen Scheinwerfer aufstellen?«

»Aber natürlich kann ma des«, erhielt er zur Antwort. »Alles kann ma. Wo wollen S' ihn denn hab'n?« Und er spuckte sich in die Hände.

»Moment«, erklärte der Bühnenbildner gewitzt, »der Regierungsrat meint, man kann das nicht. Und ich möchte ihn doch nicht übergehen.«

»Ja soo«, erwiderte der Mann gedehnt, »der Regierungsrat ist dagegen. Ja dann geht's bestimmt net. Dann krieg'n ma ganz sicher kan Scheinwerfer in den Winkel eine!«

Als Dr. Egon Hilbert noch Chef der österreichischen Bundestheaterverwaltung war, wollte er für die damalige Staatsoper im Theater an der Wien entweder Erich Kleiber oder Clemens Krauss als Chefdirigenten gewinnen. Er versuchte also zunächst einmal Krauss zu testen.

»Was sagen Sie, lieber Professor Krauss«, äußerte er sich zu ihm, »der Erich Kleiber meint, wenn er hier Chefdirigent werden soll, dann müssen drei gehen. Das geht natürlich nicht!«

»Nehmen Sie ihn«, erwiderte Krauss, der den Braten roch, »wenn ich hier Chefdirigent werde, dürften höchstens drei bleiben!«

Pfitzners ›Palestrina‹ ist nicht nur eine der wenigen Opern, in der es kein Liebespaar gibt, sondern auch eine der personenreichsten Opern der gesamten Literatur. Die Besetzung vom Papst Pius IV. über die zahlreichen Kardinäle und Bischöfe bis zu den Kapellsängern und himmlischen Engeln zusammenzubekommen, grenzt im Zeitalter der Reisestars an ein Kunststück.

1966, es war in der Direktionszeit Dr. Egon Hilberts, wurde das Werk an der Staatsoper neu einstudiert. Schon am Morgen der Premiere wurde der Direktor kribbelig, und als die Mittagsstunde herankam, in der die Flugzeuge mit den auswärtigen Sängern eintreffen mußten, sah Hilbert ständig aus dem Fenster seines Direktionszimmers und stellte jedesmal konsterniert fest: »Um Gottes willen, sechsundvierzig Solisten und dichter Nebel!«

Am Abend vor der Vorstellung suchte er dann, wie es seine Gepflogenheit war, die Solisten in den Garderoben auf, um die Häupter seiner Lieben zu zählen. Als er eine Garderobe leer fand, zeterte er: »Zum Teufel, wo sind denn schon wieder die Engel!«

Etwa um diese Zeit stand einmal die Repertoire-Aufführung des ›Bajazzo‹ auf dem Programm der Wiener Staatsoper: Mimi Coertse war als Nedda angesetzt. Sie hatte sich mit ihrem Wagen etwas verspätet und fand weit und breit keinen Parkplatz mehr. Schon zum sechstenmal war sie rund ums Haus gefahren, zum sechstenmal nervös in die Opernkreuzung eingekurvt. Das fiel dem Verkehrspolizisten auf. Er stieg aus seinem Glaskasten, stoppte die Amokfahrerin und – erkannte die Sängerin. Als sie ihm hastig ihre Situation schilderte, beruhigte er sie: »Wissen S' was, gnä' Frau, lassen S' ma den Wagen da. I park'n Ihna ein und gib den Schlüssel zum Portier.«

Erleichtert stürzte Mimi Coertse in die Oper.

Die Vorstellung war aus. Nedda holte ihren Schlüssel und ging auf Autosuche. Und wo fand sie ihren Wagen? Direkt unter einer Parkverbotstafel!

In der nächsten Woche parkte Frau Coertse ihren Wagen ordnungsgemäß vor ihrer Wohnung in der Herrengasse. Als sie zurückkam, traute sie ihren Augen nicht: an der Windschutzscheibe hing ein Strafzettel. Hell empört fuhr sie zur Wachstube. Dort saß gemütlich »ihr« Polizist und empfing sie mit zufriedenem Grinsen: »I hab Ihna nur wiedersehen woll'n gnä' Frau. Sagen S', hätten S' net amol zwa Opernkarten für mi? Was leicht's ... an Mozart?«

Als Leonard Bernstein, den Direktor Hilbert 1966 zum erstenmal ans Pult der Wiener Staatsoper holte, dort sein Debüt mit Verdis ›Falstaff‹ beging und anschließend auch sein erstes Abonnementkonzert mit den Wiener Philharmonikern dirigierte, da wurde ein Teil dieses Konzerts auch für den Bildschirm aufgezeichnet. Als Szenerie wählte man das Schloß von Schönbrunn. Bernstein selbst saß am Flügel und leitete von dort aus als Solist und Dirigent die Aufführung. Mitten in der Aufführung bockte die Technik; eine Kamera fiel aus, es entstand eine Pause. Da begann Bernstein so vor sich hin zu improvisieren: erst Mozart, dann den ›Rosenkavalier‹-Walzer. Die Musiker horchten auf, schmunzelten und fielen nach und nach ein, ohne Noten, bis das ganze Orchester im Dreivierteltakt aufrauschte ... »Eine charmantere Liebeserklärung an die Stadt des Walzers«, meinte der bekannte Wiener »Opernführer« Marcel Prawy, der dabei war, »hat es selbst in Schönbrunn noch nicht gegeben ...«

Für die Inszenierung dieser ›Falstaff‹Aufführung gewann Hilbert den berühmten Luchino Visconti, der damit zum erstenmal Regie an der Staatsoper führte. Als Visconti, der blaublütige italienische Meisterregisseur (und Salonkommunist) zur Probe erschien, hatten die Wiener Sänger sofort einen Spitznamen für ihn bereit. Sie nannten ihn: »Genosse Durchlaucht.«

Während der Probenpause diskutierte man, angeregt durch die erste Begegnung mit Visconti, in Kollegenkreisen über die Qualität der internationalen Opernregisseure. Da stellte Erich Kunz fest: »Das ist doch ganz einfach. Es gibt gute und schlechte Regisseure. Günther Rennert ist ein schlechter Regisseur, denn er raucht nicht. Also gibt es bei ihm nie eine Pause. Luchino Visconti ist ein ausgezeichneter Regisseur! Der raucht jede Minute eine Zigarette und trinkt alle zehn Minuten einen Mokka!«

1968, wenige Monate nach Hilberts Tod, kam Bernstein abermals nach Wien, um eine Neuinszenierung des ›Rosenkavaliers‹ in der Staatsoper zu dirigieren.

Nach der Premiere stellte ein Besucher fest: »Gestern gab es verwandtschaftliche Komplikationen in der Staatsoper. Im ersten Akt sang die Marschallin Christa Ludwig: ›Es ist mein Mann‹, als es vor der Tür ihres Schlafzimmers laut wurde. Dann aber kam der Ochs herein, und das war ihr Vetter. Diesen Vetter aber sang Walter Berry, und das war doch ihr Mann. Da soll sich einer auskennen!«

Nach dem Tode Hilberts übernahm sein bisheriger Vizedirektor Heinrich Reif-Gintl, ein Mann mit vierzigjähriger Branchenkenntnis und -erfahrung, die direktorialen Geschäfte der Staatsoper. Zunächst provisorisch. Aber Provisorien pflegen in Österreich meist zu einem soliden Dauerzustand zu werden. Eine der ersten Premieren in der Ära Reif-Gintl war eine Neuinszenierung von Alban Bergs ›Lulu‹ unter Karl Böhm, der dem Werk bereits 1962 im Theater an der Wien zu einem ungeahnten Welterfolg verholfen hatte. Als Böhm nach einer vorübergehenden Erkrankung mit den Proben begann, ging folgendes Bonmot durchs Haus:

»Böhm hat sich von seinem Blasenkatarrh erholt und macht die Wiederaufnahme von ›Lulu‹.«

> »Schmiere ist nämlich jedes Theater, der
> Unterschied liegt nur in der Beleuchtung.«
> *Hofoperndirektor Hans Gregor*

Um die Jahrhundertwende liebte man den Naturalismus nicht nur in der Literatur, sondern auch auf der Opernbühne. Brünnhilde erschien mit einem »feurigen« Roß Grane auf den Brettern, und beim Einzug des siegreichen Radames durften die Kamele nicht fehlen.

Der Regisseur Habelmann von der Breslauer Oper wollte da auch bei einer Inszenierung von Gounods ›Margarethe‹ nicht zurückstehen. Er brachte in der Gartenszene zwecks Echtheit des Milieus eine Schar Enten und Hühner samt Gockel ins Spiel, die fleißig durch die Gegend gackerten und schnatterten.

Bei Fausts poesievoller Liebeserklärung: »Lasse mich in dein holdes Antlitz schauen . . .« fing der Hahn heftig zu krähen an. Er bekam Sonderapplaus, und die Szene war beim Teufel.

In Slezaks Breslauer Jahren wirkte am dortigen Opernhaus der alte Regisseur Steine, ein abgetakelter Heldendarsteller und verwahrloster Junggeselle mit Schmerbauch. Einmal erschien er zur Probe, warf sich in den Regiesessel, der ganz vorne an der Rampe stand, und wies dabei einen weitaufklaffenden Toilettefehler vor. Ein Kollege schlich sich heran und flüsterte ihm dezent zu: »Herr Regisseur, Sie haben einen Toilettefehler!«

Steine nahm die Einflüsterung nicht zur Kenntnis und probte ungestört weiter. Trat ein Chorist hinter seinen Stuhl und raunte vernehmlich: »Herr Steine, Sie sind General . . . drei Sterne!!«

Aber der Regisseur ließ sich nicht irritieren. Da wurde es einem älteren Kollegen zu dumm, und er schnauzte den Exmimen an: »Theodor, mach dir doch vorne die Knöppe zu, das ist ja ein Skandal, wie du da herumsitzt!«

Da sagte Steine mit umflorter Stimme: »Mensch, es sind ja keene dran.«

Als Gustav Mahler noch Theaterkapellmeister in Leipzig war, stürmte er einmal, ganz in Gedanken, mit brennender Zigarre auf die Bühne des Stadttheaters. Da stellte sich ihm der diensthabende Feuerwehrmann in den Weg, nahm ihm die Zigarre aus dem Mund und rief ungnädig: »Sie Herr, was fällt Sie denn ein?! Wissen Se nich, daß das Rauchen hier verboten ist?!«

Mahler, wie aus den Wolken gefallen, schrie zurück: »Unverschämt! Sie scheinen nicht zu wissen, mit wem Sie reden! Ich bin Mahler!«

»Schon meeglich«, erwiderte der Feuerwächter ungerührt, »deswegen zahl'n Se doch Ihre Strafe. Is mir nämlich höchst schnubbe, ob Se Maler oder Anstreicher sind!«

In Leipzig brachte Mahler Carl Maria von Webers unvollendete heitere Oper ›Die drei Pintos‹ zur Uraufführung, die er selbst zu Ende komponiert und gründlich überarbeitet hatte. König Johann von Sachsen wohnte der Premiere bei, blieb bis zum Schluß, kam zu Mahler in die Garderobe und fragte interessiert: »Nu sagen Se mal, Herr Gabellmeister, was an der Oper is nu gewebt und was is gemahlt!?«

Ehe Leo Slezak die Sängerlaufbahn einschlug und in Brünn sein erstes Engagement erhielt, versuchte er sich in den verschiedensten Metiers: als Schlosserlehrling, als Gärtnerbursch bei der Erzherzogin Elisabeth, als Soldat eines Jägerbataillons, als Schreiber bei einem Rechtsanwalt und zuletzt als – Powidlagent.

In seiner Anfängerzeit gastierte Slezak mit einer Kollegin, die eine Hosenrolle spielte und darin beste Figur machte, an einer mährischen Provinzbühne. Hinterher feierte man die Aufführung bei einem Glas Bier. Das Ensemble war fast vollzählig beisammen, nur die Kollegin fehlte. Meinte einer: »Die Hälfte der Zuschauer glaubt, sie ist wirklich ein Mann.«

Darauf Slezak: »Aber die andere Hälfte weiß es aus eigener Erfahrung besser.«

In Wagners ›Lohengrin‹ hat König Heinrich im ersten Aufzug zu den Worten »Gott allein ...« ein hohes F zu singen, das von allen Bassisten mehr oder minder gefürchtet ist.

Als an einer deutschen Provinzbühne ein zwar prominenter, doch im Dienst schon etwas ergrauter König Heinrich, der das hohe F nicht mehr sicher »drauf« hatte, gastierte, schlug ihm ein jüngerer Kollege des Hauses hilfsbereit vor: »In dem Aufzug gibt es auf der Bühne einen mächtigen Baum. Hinter den stell ich mich auf. Du machst bloß den Mund auf, und ich singe das F für dich!«

Der Gast war einverstanden. Die bewußte Stelle kam. König Heinrich riß den Mund auf, das Double hinterm Baum setzte zum hohen F an und – gickste. Darauf drehte sich der König um und knurrte gegen den Eichenstamm: »Also gicksen hätt' i selber auch können, du Armleuchter!«

Noch in den dreißiger Jahren pflegte in Wagners ›Ring des Nibelungen‹ Brünnhildens Roß »Grane« höchstpersönlich aufzutreten. So brachte auch die gefeierte Brünnhilde Frau Lauer-Kotlar um 1920 bei einer Aufführung der ›Götterdämmerung‹ in Frankfurt am Main in der großen Schlußszene ein stattlich gebautes Tier mit prächtigem Kopf auf die Bühne mit. Der Gaul hatte nur zwei Fehler: er war ein wenig nervös und hatte außerdem einen ramponierten Schwanz, was der Theaterfriseur durch eine Schwanz-»Perücke« kosmetisch korrigiert hatte. Brünnhilde ahnte davon nichts. Als sie den Brand in den Holzstoß warf – »Grane, mein Roß! Sei mir gegrüßt!« –, da begann der Gaul zu tänzeln und seitlich auszubrechen. Kurz entschlossen faßte die Walküre das Roß am Schwanz, um zu verhindern, daß es davonging. »Dem Freunde zu folgen, wieherst du freudig?« sang sie, aber der Gaul wieherte nicht freudig, sondern machte zwei vehemente Sprünge, und Brünnhilde stand mit verblüfftem Gesicht und dem Pferdeschwanz in der Hand zehn Meter von Grane entfernt auf der Bühne.

»Heiajaho! Grane! Grüß' deinen Herren!« jubelte Brünnhilde todesmutig, aber es half ihr nichts. Die ›Götterdämmerung‹ endete ausnahmsweise in ungetrübter Heiterkeit.

Auch in der Berliner Kroll-Oper kam es am Beginn einer ›Tannhäuser‹-Vorstellung zu einem heiteren Zwischenfall. Während auf der Vorderbühne Frau Venus noch hartnäckig ihren Tannhäuser in Liebesbanden festzuhalten suchte, sandte ein hungriger Sänger aus dem Pilgerchor, der hinter den Kulissen schon bereit stand, eine Garderobiere in die nahe Kantine um ein paar Würstel mit Senf. Die Gute verweilte allzu lange, und als sie zurückkam, war die Dekoration des Venusberges längst in die Höhe gegangen, und das Tal vor der Wartburg dehnte sich bis in die Hinterbühne aus. Der junge Hirte sang eben: »Frau Holda kam aus dem Berg hervor, zu ziehn durch Fluren und Auen …«, da erschien im Hintergrund vor der Wartburg die ahnungslose Garderobiere mit ihren Würsteln, sah sich suchend um, erspähte im Vordergrund den knienden Tannhäuser und dahinter den Dirigenten, erschrak und rannte spornstreichs mit ihrem Teller ab in die Kulisse.

»Zu dir wall' ich, mein Jesus Christ ...« sang der Chor der Pilger – der Rest ging im Gelächter des Publikums unter.

In der Wolfsschluchtszene von Webers ›Freischütz‹ gibt es bekanntlich einen Höllenspektakel, während der böse Kaspar unter Assistenz des verführten Max die Freikugeln gießt, wobei allerlei unheimliches Getier über die Bühne jagt, unter dem ein Eber (der im Text vorkommt) keinesfalls fehlen darf.

In einem deutschen Provinztheater, wo das tierische Gesindel von Kindern dargestellt zu werden pflegte, stolperte der Inspizient, der hinter der Bühne alle Hände voll zu tun hatte, um den Höllenspuk in Ordnung zu halten, plötzlich über ein kleines Mädchen, das da auf dem Boden hockte.

»Was treibst du denn hier? Scher' dich zum Teufel!« fuhr der Erboste das Mädchen an.

Aber die Kleine ließ sich nicht aus der Fassung bringen. »Das geht nicht«, erklärte sie, »ich muß auf meinen kleinen Bruder aufpassen! Ich bin nämlich die Schwester von der Wildsau!«

Eine der ersten Stationen in der Karriere von Lotte Lehmann war das Hamburger Opernhaus, dessen Ensemble auch das nahe Altona bespielte. Wie eine Wandertruppe, mit der Schminkschachtel unterm Arm, zogen die Sänger zweimal in der Woche in die »Vorstadt«, fest entschlossen, sich einen Jux zu machen. Im ›Freischütz‹, wo die Anfängerin Lehmann ihre erste Agathe sang, wurden die Dialogworte von Friedrich Kind grundsätzlich »umgedichtet«. Stand im Textbuch: »Er hat mir warm gemacht«, so schlug sich der böse Kaspar sicherlich die Arme wie ein durchfrorener Droschkenkutscher um den Leib und schrie durch die Wolfsschlucht: »Saukalt ist's hier!!« Und beim Kugelgießen sprach er statt der düsteren Zauberformel »Das rechte Auge eines Wiedehopfs, das linke eines Luchses« mit hohler Grabesstimme in die Flamme: »Das rechte Auge eines Wiedemanns, das linke ist Luxus!«

Hermann Wiedemann, der den Fürsten sang, würde schwerlich – so versichert Lotte Lehmann – für diese Schmieren-Vorstellung ein Auge riskiert haben.

Um Jahre später sang Lotte Lehmann die Agathe an der Zoppoter Waldoper in einem von der Natur selbst inszenierten ›Freischütz‹ mit Richard Tauber als Max, der sich bei seiner Partnerin mit einem Danaergeschenk einstellte. Um den Freudenschrei »Süß entzückt, entgegen ihm!« seiner treuen Agathe augenfällig zu motivieren, drückte er ihr bei dieser stürmischen Begegnung eine in Stanniol gewickelte Tafel Schokolade in die Hand.

Agathe sang und fühlte die Schokolade in ihrer Hand weich werden. Rasch entschlossen, legte sie das lästige Geschenk auf die Bank, wo es nun in voller Beleuchtung verräterisch ins Publikum blitzte. Da kam Ännchen zu Hilfe. Geistesgegenwärtig und mit dem Mute der Verzweiflung setzte sie sich auf das blitzende Ding und war, die sonst so Quicke, für den Rest des Aktes nicht mehr vom Platz zu bewegen. Über den Zustand der Schokolade nach dieser ausgiebigen Sitzung schweigt die Geschichte . . .

Als bereits arrivierter Hamburger Star hatte Lotte Lehmann ein Stubenmädchen, das gleichfalls Lotte hieß und seine Herrin, die große Lotte, schwärmerisch verehrte. Unter Tags putzte sie die Zimmer, abends wehrte sie eifersüchtig die zudringlichen Autogrammjäger von der Garderobe ab oder fand sich auf der Galerie ein, hielt dort ganze Versammlungen ab und machte den gleichaltrigen Backfischen die Zähne lang: »Ihr könnt sie nur jetzt sehen, ich aber sehe sie alle Tage und in allen Situationen, sogar im Bett . . .«

Sie war davon überzeugt, daß ihre Herrin auf der Opernbühne nur in wallenden Gewändern und mit einer Krone auftreten dürfe. Als sie die Angebetete dann zum erstenmal als Recha in Halévys ›Jüdin‹ sah, in armselige Lumpen gehüllt, stürzte eine Welt in ihr zusammen. Und als zuletzt Recha von den Henkern sogar in den Kessel geworfen wurde, brüllte sie verzweifelt ins Parkett hinunter: »Unser Fräulein kommt in Öl . . .!«

Als die Lehmann von Hamburg Abschied nahm, um ihr Engagement an der Wiener Hofoper anzutreten – man gab als Abschiedsvorstellung d'Alberts ›Die toten Augen‹ –, da wollten die Beifalls- und Liebesbezeugungen der Hamburger kein Ende nehmen. Bis tief in die Nacht hinein umlagerte eine Gruppe besonders Ausdauernder die Wohnung der Künstlerin und sang und schrie abwechselnd: »Hoch Lehmann!«, »Auf Wiedersehen!« und »Wiederkommen!« Halbtot gefeiert trat die Sängerin schließlich noch einmal auf den Balkon, warf noch eine Kußhand ins Dunkel der Juninacht und bat mit sanfter Stimme: »Kinder, ich bitte euch: geht jetzt nach Hause. Ich möchte so gerne endlich schlafen. ›Hoch Lehmann!‹ ist ein zu geräuschvolles Wiegenlied ...«

›Bohème‹-Vorstellung in einer kleinen altösterreichischen Provinzoper. Mimi ist eben einen rührenden Tod gestorben, nachdem sie den heimlich gespendeten Muff der kleinen Musette ans Herz gedrückt hat. Nun verneigen sich beide vor dem Vorhang. In der Seitenkulisse erscheint ein Diener mit einem pompösen Blumenstrauß. Mimi will ihn huldvoll entgegennehmen. Da stößt sie Musette zur Seite und knurrt giftig: »Hand von der Butten! Der g'hört mir! I wer' do no mei Bukett kennen, was i mir selber 'kauft hab!«

Kurz nach dem Ersten Weltkrieg gab man an einer deutschen Provinzbühne ›Tristan und Isolde‹ mit einem ausgezeichneten Gasttenor, der schon nach den ersten beiden Akten stürmisch gefeiert wurde. Im letzten Aufzug steigerte sich der Gast noch, sang seine Fieberdelirien auf Kareol mit stärkstem Ausdruck, bis endlich Isolde erschien und Tristan an ihrer Brust ersterbend niedersank. Da blieb das letzte verklärte »Isolde«, mit dem der Held seine Seele auszuhauchen hat, einfach aus.

Nach der Aufführung kam der Direktor in die Garderobe des Tenors, drückte ihm seine Bewunderung aus und fragte: »Aber warum haben Sie zuletzt das ›Isolde‹ unterschlagen?«

»Sie werden lachen«, erwiderte Tristan, »mir ist einfach der Name nicht eingefallen!«

Bei einem ›Rigoletto‹-Gastspiel in der Königlichen Oper Budapest machte sich Helge Rosvaenge einmal den Spaß, bei der Wiederholung der Bravourarie »La donna e mobile« eine Strophe auf ungarisch zu singen: »Az asszony ingatág – ugy hailig mind a nád ...!« Der Erfolg war durchschlagend: das ungarische Publikum raste minutenlang.

Rosvaenge verstand kein Wort ungarisch. Er hatte sich den Text in Lautschrift auf seinen Trinkbecher geklebt, den er fleißig vor seinen Augen hin und her schwenkte. Während er ein Auge auf den Kapellmeister warf, verfolgte er mit dem andern den Text der Arie – bis auf des Bechers Grund.

Andern Tags schrieb ein Budapester Kritiker: »Es war das erste Mal, daß ich verstanden habe, was der Herzog in dieser Arie eigentlich singt!«

›Fledermaus‹-Aufführung in Breslau 1924. Leo Slezak singt die Rolle des Alfred. Bei seinem Dialog mit dem angesäuselten Frosch im fidelen Gefängnis (dritter Akt) böhmakelt er sich, derart wild extemporierend, durch die Gegend, daß sich die Balken biegen. Das Haus wiehert vor Vergnügen und steckt mit seinem Gelächter die Musiker und schließlich auch die übrigen Mitwirkenden an, so daß die Vorstellung einfach nicht mehr weitergeht. Der Frosch bekommt einen Lachkrampf und verdrückt sich hinter die Bühne. Slezak steht allein auf den Brettern, geht an die Rampe und schnauzt die Souffleuse an, die sich vor Lachen biegt: »Du Kuh, warum sagst du mir nicht, wie meine Rolle weitergeht!«

Der später sehr gefeierte Filmschauspieler Georg Alexander war in seiner Anfängerzeit als jugendlicher Komiker ans Stadttheater in Magdeburg verpflichtet, wo er im Bedarfsfalle bei Opernvorstellungen auch als Statist einzuspringen hatte. Nun war an seinem Geburtstag, den er im fidelen Freundeskreis zu feiern gedachte, ›Lohengrin‹ angesetzt, und er sollte als einer der brabantischen Mannen in Wehr und Waffen auf die Bretter. Vergebens versuchte er sich freizumachen; der Inspizient blieb hart. Da faßte Georg Alexander einen verzweifelten Plan. Als Lohengrin erschien und, noch mit einem Fuß im Nachen stehend, seinem Schwan ein strahlendes »Nun sei bedankt . . .« zusang, indes alles gebannt auf das Wunder starrte, trat Alexander keck aus dem königlichen Gefolge, holte aus seiner Rüstung eine Semmel und begann damit das fabelhafte Geflügel zu füttern. Um weniges später war er daheim bei seinen Freunden und feierte fröhlich mit ihnen seinen Geburtstag – nebst der fristlosen Entlassung.

1932 inszenierte Max Reinhardt im Berliner Theater in der Friedrichstraße ›Hoffmanns Erzählungen‹ von Offenbach. Josef Witt sang die Titelrolle, George Baklanoff die diversen Bösewichter. Die Inszenierung ging 150mal en suite über die Bretter. Verständlich, daß dabei die Spannung und die Disziplin nachließen und die Neigung zum Verulken immer mehr stieg. Dabei kam einmal Josef Witt zum Handkuß. Am Schluß des Giulietta-Aktes mit der berühmten Barkarole kommt es bekanntlich zu einem Degenduell zwischen Hoffmann und Peter Schlemihl. Da Hoffmann keinen Degen hat, tritt der böse Versucher Dapertutto von hinten an ihn heran und raunt ihm zu: »Sie haben keinen Degen, nehmen Sie den meinen!«

Nach dem Reinhardt-Konzept hatte Hoffmann ohne nach rückwärts zu schauen, nach dem Degen zu langen, den ihm Dapertutto in die Hand drückt, und mit einem jähen Ausfall den Gegner zu erstechen. Witt griff nach rückwärts, zückte den Degen und – hatte einen verbogenen Schürhaken in der Hand.

Hermann Thimig als Niklaus rettete die Szene. Geistesgegenwärtig preschte er vor, rief sein Stichwort (das erst viel später fällig war): »Hoffmann, die Wache!« und riß Witt von der Bühne.

Schlemihl lag, vom Schürhaken getroffen, auf der Bühne und schüttelte sich vor Lachen ...

Witt rächte sich in der nächsten Vorstellung. Im Antonia-Akt stand nämlich Baklanoff vor einer ähnlichen Situation. Als Dr. Mirakel hatte er mit infernalischer Dämonie zu singen: »Hab' ja gewisse Fläschchen, die ich sorgfältig hüte!« Dabei hatte er nach rückwärts zu greifen, wo ihm sein Adlatus die Fläschchen in die Hände drückte.

Witt hatte sich mit dem Famulus verbündet. Als Dr. Mirakel nach rückwärts griff, hatte er plötzlich zwei kleine Nachttöpfe in der Hand, aus denen je ein Heringsschwanz herausguckte. Baklanoff war über diese »Fläschchen« derart perplex, daß er vergaß weiterzusingen. Jarmila Novotna als Antonia bekam einen Lachanfall, und Hoffmann, vorschriftsmäßig hinterm Paravent verborgen, verdrückte sich in die Kulisse. Das folgende Terzett fand ohne Sänger statt.

So wie Herr Geheimrat Goethe war auch Richard Strauss ein ausgezeichneter Geschäftsmann. Gab es da einmal auf einer deutschen Provinzbühne eine Strauss-Premiere: die ›Salome‹ stand erstmals auf dem Programm. Das Orchester war mäßig, die Inszenierung billig, die Salome schwach auf der Brust. Die Anwesenheit des Komponisten machte den Dirigenten vollends nervös; es ging alles schief. Als nach dem Befehl des Tetrarchen »Man töte dieses Weib!« endlich der Vorhang gefallen war, nahte sich der Direktor, jedweden Donnerwetters gewärtig, zagend dem Meister und stotterte: »Herr Doktor, wir haben unser Bestes ..., ich hoffe, daß Sie ... wie fanden Sie die Aufführung?«

Da schlug ihm der Meister jovial und kräftig auf die Schulter und rief in bester Laune: »Aber großartig, lieber Direktor ... und wo finde ich jetzt Ihre Kassa!?«

Zum modernen Opernbetrieb gehört unabdingbar der Agent, neuerdings auch Manager genannt, der die kommenden und die arrivierten Opernsänger vermittelt, managt und – zu Höchstpreisen – verkauft. Sein Unterhalt stützt sich auf die Prozente, die er von den Gagen der durch ihn vermittelten Sänger erhält, sein Ruhm auf die Stars, die von ihm entdeckt, vertreten, gemanagt werden. Gelegentlich auch auf das Ansehen, das er sich selbst zu geben vermag.

Auf diesen Punkt verstand sich ein tüchtiger Berliner Theateragent der Jahrhundertwende besonders gut. Er residierte in einem aufwendigen Büro im eleganten Westen Berlins mit luxuriösem Warteraum und dem dazugehörigen wendigen Empfangschef. Der Warteraum besaß eine geheimnisvolle Türe, auf die alle die ungezählten, ein Engagement heischenden Sänger und Sängerinnen sehnsuchtsvolle Blicke zu werfen pflegten. Dort stand nämlich mit großen Lettern zu lesen: »Reserviert für Mitglieder der Metropolitan Opera.«

Nun erschien im Büro eines Tages ein junger Tenor, der mit dem Empfangschef gut bekannt war. Der bat den Freund, ihm doch wenigstens einen kurzen Blick in das erlauchte Séparée zu gönnen. Der nahm den Tenor unterm Arm, führte ihn zur geheimnisvollen Tür, riß sie auf und sagte: »Trottel – hast noch nie einen Klopfbalkon gesehen!«

Bei einer ›Lohengrin‹-Premiere in Parma waren die Proben so karg bemessen, daß dem Regisseur keine Zeit mehr blieb, mit dem Chor zu arbeiten. Also instruierte er die Mannen vor dem ersten Aufzug: »Ich stehe vorne an der Rampe in der Gasse rechts und zeige euch die Bewegungen – Arme heben, linke Hand an die Brust führen, Fäuste ballen usw. –, und ihr macht das einfach nach. Dann kann nicht viel passieren!«

Gesagt, getan. Am Abend stand der Regisseur in der Kulisse und gab seine Fernbefehle. Das klappte vorzüglich ... bis König Heinrich, ein profunder Baß, zu jener Stelle kam, wo es heißt: »Gott allein soll jetzt in dieser Sache noch entscheiden« und dem Sänger bei »Gott« ein Fisch in die Kehle geriet, worauf das exponierte hohe F umkippte.

Da vergaß sich der Regisseur und hob entsetzt beide Hände an den Kopf. Die Folge war, daß auch die Mannen prompt mit der gleichen Geste des Entsetzens die Hände rangen. Der Heiterkeitserfolg war durchschlagend. Die Parmesaner schrien vor Lachen.

Der deutsche Bariton Julius vom Scheidt kreierte in Berlin die Titelrolle von Max Burkhardts Oper ›König Drosselbart‹. Bei der Schlußfermate seiner großen Arie stolperte er über die eigenen eisengeschienten Beine und kugelte in voller Ritterrüstung die Thronstufen hinab bis in die Kulisse.

Dort empfing ihn der erschrockene Regieassistent mit der nicht gerade geistreichen Frage: »Sind Sie gefallen!?«

Vom Scheidt rückte sich die Rüstung zurecht, maß den Jüngling verächtlich, wies mit hoheitsvoller Gebärde auf das vor Vergnügen johlende Publikum und erwiderte großartig: »Ich *bin* nicht gefallen, ich *habe* gefallen!«

In den dreißiger Jahren hatte Knappertsbusch in Rom eine ›Tannhäuser‹-Premiere zu leiten. Mit Torsten Ralf in der Titelrolle und Maria Reining als Elisabeth. Und mit Kulissen aus der untersten Klamottenlade. Als Kna die Dekoration zum erstenmal sah, schüttelte er energisch den Kopf: »Ne, kommt jar nicht in Frage. Dieser Scheißkram kommt weg oder ich geh nicht ans Pult!«

Was tun? Josef Witt, der Regisseur, wußte Rat. Er verbündete sich mit dem einfallsreichen Beleuchtungsinspektor des Hauses, Salani, der in intensiven nächtlichen Beleuchtungsproben mit Hilfe seiner Scheinwerfer die ganze Szene »verwandelte«.

Witt bat ihn: »Lieber Salani, könnten Sie morgen vormittag, während der Orchesterprobe, nicht wenigstens eine Stunde lang dieses schöne dämmrige Scheinwerferlicht eingeschaltet lassen?«

Salani begriff und sagte zu. Kna erschien zur Probe, warf einen Blick auf die Bühne und strahlte: »Na sehen Sie, lieber Witt, ich habe ja gleich gewußt, daß Sie's können. Das ist 'ne Dekoration! Das ist ›Tannhäuser‹!«

Die Probe begann. Nach einer Stunde schaltete Salani die Scheinwerfer ab und das Arbeitslicht ein. Kna, in die Arbeit vertieft, merkte es zuerst nicht. Dann hob er zufällig den Kopf und – erstarrte:

»Zum Donnerwetter, was ist denn nu wieder los? Jetzt ist ja der olle Scheißkram wieder da!«

Otto Wiener, der gefeierte Bayreuther Hans Sachs und vielseitige Bariton der Wiener Staatsoper, begann am Grazer Opernhaus, das häufig Abstecher in die umliegenden Kleinstädte unternahm. So gab es 1953 ein Gastspiel in Knittelfeld mit Mozarts ›Don Giovanni‹, vor schwarzem Rundhorizont auf einer improvisierten Kleinbühne, die nur einen Abgang zur Linken hatte. Don Giovanni verständigte sich vor der ersten Szene mit dem Komtur: »Du mußt nach dem Duell auf die rechte Seite fallen, sonst kann ich nie mehr abgehen!«

Im Eifer des Spiels vergaß der Bassist auf die Abmachung und fiel prompt auf die falsche Seite. Verdutzt stand Otto Wiener vor der vertrackten Situation, dann setzte er mit einem verzweifelten Sprung über den Toten und landete schwungvoll auf dessen Daumen. Der erwachte jählings zu neuem Leben, bäumte sich auf, schrie »Au!«, sank schmerzverzerrt wieder zurück und hauchte erst jetzt endgültig seine edle Seele aus.

Ein Jahr später gastierte Otto Wiener in der gleichen Partie im Rahmen eines Gastspiels der Wiener Staatsoper in Wiener Neustadt. In Graz bestieg der Sänger den Wiener Triebwagen und erfuhr erst, als der Zug schon abgefahren war, daß dieser in Wiener Neustadt gar nicht hielt. Als er dem Schaffner seine verzweifelte Lage schilderte, beruhigte ihn der Gute: »Aber ja, Herr Kammersänger, des wer' ma schon machen. Zahln S' dreißig Schülling, i schreib Ihna a Strafverfügung, Sie ziag'n in Wiener Neustadt die Notbrems'n und steig'n aus!«

So kam der Künstler pünktlich in seine Vorstellung. Dort erwartete ihn neue Tücke in der Duellszene. In Graz pflegte man mit schweren Barockdegen zu fechten, in Wien dagegen mit leichten Theater-Floretts. Im Kampfeseifer fuchtelte der Komtur Endre Koreh so heftig herum, daß er den Don Giovanni genau zwischen Daumen und Zeigefinger traf. Das Florett des Helden flog in hohem Bogen durch die Luft, und in diesem Augenblick wußte Otto Wiener blitzartig: »Wenn ich keinen Degen mehr habe, muß der Vorhang fallen!« Und dieses Wissen verlieh ihm plötzlich artistische Behendigkeit. Er fing das Florett wieder aus der Luft, bekam es ordentlich in den Griff und fällte mit einem wuchtigen Stoß den Feind.

Nach der Aufführung kam Direktor Schneider zu Wiener in die Garderobe und meinte: »Sehr ordentlich, Burschi, aber deine Gags mit dem Florett laß bleiben. Das macht man vielleicht in der Provinz, aber nicht in der Staatsoper!«

. . . und wenn Ihnen dieses Buch gefallen hat, dann werden Sie vielleicht das Bedürfnis empfinden, es dem einen oder anderen Ihrer Freunde zu schenken. Die in Leinen gebundene, reich illustrierte Ausgabe erhalten Sie in jeder Buchhandlung.

Verlangen Sie nur

Alexander Witeschnik

**Warten aufs hohe C
oder
Eine schöne Leich' mit Koloratur
und Chor**

in der Geschenkausgabe des

PAUL NEFF VERLAGES

Künstler-memoiren

Criminal-Romane

Wilkie Collins:
Der Monddiamant
Ein Criminal-Roman

dtv

Robert L. Stevenson/
Lloyd Osbourne:
Die falsche Kiste
Ein Criminal-Roman

dtv

Edward Bulwer-Lytton:
Nacht und Morgen
2 Bände
1032, 1033
Was wird er
damit machen?
Nachrichten aus dem
Leben eines Lords
2 Bände
1083, 1084

Wilkie Collins:
Die Frau in Weiß
2 Bände
500, 501
Der Monddiamant
905
Gefallene Blätter
1181

Emile Gaboriau:
Der Strick um den Hals
709
Die Affäre Lerouge
878

Sheridan Le Fanu:
Onkel Silas oder
Das verhängnisvolle
Erbe
Mit einem Nachwort von
Norbert Miller
1116

Robert L. Stevenson/
Lloyd Osbourne:
Die falsche Kiste
788

Utopisches und Phantastisches

Carlo Manzonis Superthriller

Carlo Manzoni:
Der Finger
im Revolverlauf
Ein Super-Thriller

dtv

Satirisches von Ephraim Kishon

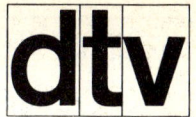

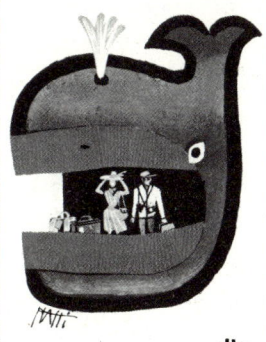

Kuckucksuhr mit Wachtel
Reklame der Jahrhundertwende
Originalausgabe, herausgegeben von Emil Waas
dtv 448

Erwarte Näheres unter vier Buchstaben
Kleinanzeigen und Pressenotizen der Jahrhundertwende
Originalausgabe, herausgegeben von Emil Waas
dtv 569